キャリア教育に活きる！

センパイに聞く

仕事ファイル

32
文字
の仕事

タイプデザイナー
書道家
LINEスタンプ
クリエイター
速記士
点字触読校正者
キーボード商品
デジタルマーケター

小峰書店

小峰書店 編集部 編著

Contents

※この本に掲載している情報は、2021年4月現在のものです。

タイプデザイナー

Type Designer

モリサワ
柳瀬優佳さん
入社5年目 26歳

個性豊かで
使いやすく、読んでいて
楽しくなる文字を
つくります

本や雑誌、WEBサイトなどを見て「力強いデザインだな」とか「おしゃれだな」と感じたことはありませんか？　こうした印象は、文字のかたちによってつくられます。この、文字のかたちをつくるタイプデザイナー、柳瀬優佳さんにお話をうかがいました。

Q タイプデザイナーとは どんな仕事ですか？

本に印刷された文字や、パソコンで使う文字には、細い文字や太い文字、直線的な文字や曲線的な文字のように、さまざまなかたちがあります。特定のテーマで、同じような印象になるようにつくられた文字のセットを「フォント」と呼び、世の中にはさまざまな種類のフォントがあります。

私が働いているモリサワは、フォントをつくって販売している会社です。そのなかでタイプデザイナーである私は、フォントの文字のかたちをデザインするのが仕事です。

デザインは、まず「こんなフォントをつくりたい」というアイデアに基づいて、基本となる文字を手書きやパソコンで作成することから始まります。その後、製作の全体をまとめるタイプディレクターと相談し、フォントのイメージにあった文字の特徴を具体的に決めていきます。社外のデザイナーにデザインを依頼することもあり、その場合は社外デザイナーとやりとりをするのも私の役目となります。

文字の特徴が決まったら、平仮名50音からカタカナ、漢字や数字、アルファベットまで、必要な文字すべてをデザインしていきます。例えば、同じ部首からなる漢字は、先に部首のかたちを決めてから組み合わせていきます。つくる文字の数は約9500字にのぼるため、ほかのタイプデザイナーと分担して行うことが多いです。

かたちができあがると、次は文字がまちがっていないか検査します。このとき「とめ」、「はね」、「はらい」がきちんと表現されているか、文字の中心がずれていないかなども確認します。最後に、文字を組み合わせて文章になったときのバランスを確認して整えます。文章にすると文字と文字の間がつまって見えたり、反対に空いて見えたりすることがあるからです。フォントのイメージに沿ったかたちのなかで、読みやすくて使いやすい文字にすることも、フォントをつくる上で大事なことなのです。

文字のかたちは、正方形の枠のなかに収まるように、バランスを見ながらパソコンで作成する。

Q どんなところが やりがいなのですか？

自分のつくった文字が、多くの人のコミュニケーションに使われ、人々をつないでいることにやりがいを感じます。また、生活のなかで、自分が製作にたずさわった文字を見つけると、誇らしい気持ちになります。

先日、新幹線に乗ったとき、何気なく座席ポケットに入っていた冊子を開いたら、文章に自分が担当した「さくらぎ蛍雪」というフォントが使われていました。「さくらぎ蛍雪」は、入社して初めてたずさわった、思い入れのあるフォントだったので、旧友に再会したような、なつかしくてうれしい気持ちになりました。

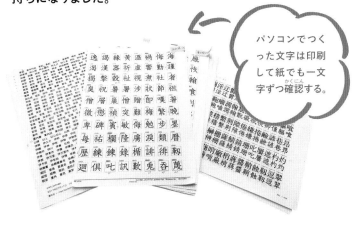

パソコンでつくった文字は印刷して紙でも一文字ずつ確認する。

栁瀬さんのある1日

08:50 出社
▼
09:00 メールと、1日のスケジュールを確認
▼
10:30 文字の検査と修正作業
▼
12:30 ランチ
▼
13:00 文字の検査と修正作業
▼
15:00 定例会議
　　　 ほかのタイプデザイナーと
　　　 作業の進み具合を報告し合ったり
▼　　 問題点を相談し合ったりする
▼
15:30 文字の検査と修正作業
▼
17:15 退社

Q 仕事をする上で、大事にしていることは何ですか？

文字の検査や修正では、デザインの意図をきちんと理解して行うことを大事にしています。私は小さいころ習字を習っていたので、お手本通りの文字のかたちをきれいだと感じてしまいます。しかし、そのフォントの特徴が個性的なかたちを目指している場合、単にきれいに整えてしまうのは自分のこだわりでしかありません。そのため、自分以外のタイプデザイナーがデザインしたフォントの検査や修正を行うときは、とくに注意するように心がけています。

Q なぜこの仕事を目指したのですか？

私はもともとデザインに興味があり、大学では工学部でインテリアデザインを専攻していました。そのため、最初はインテリア業界への就職を志望していました。しかし、大学の就職支援スタッフに「デザインに興味があるなら、インテリアにこだわらなくてもよいのでは」とアドバイスされ、ほかの業界も探すようになりました。

そこで目に留まったのが、文字のデザインを行うモリサワの求人です。私は、小学校から10年間書道を習っていたので、文字に親しみを感じていました。また、文字をアレンジして飾り文字やロゴをつくるのも得意でした。そのため、タイプデザイナーという仕事は、私にぴったりだと思い、入社を決めました。

参考用書籍

PICKUP ITEM

デザインで悩んだときに参考にしている見本書や字典。文字の成り立ちや正しいかたちを確認し、アイデアを考える。

社内には、参考用の本がたくさん置いてあり、自由に見ることができる。

社内にある展示スペース。モリサワから販売されているさまざまなフォントを見ることができる。

Q 今までにどんな仕事をしましたか？

入社後は研修で、文字の検査技術を習得しました。検査というのは、できあがった文字の正確性ときれいさを確かめる技術です。ぬけている点画はないか、文字の中心が枠の真ん中にあるか、文字の濃さはすべて均一に見えるかなど、確認のポイントを学びました。研修期間後は、先輩のタイプデザイナーにアドバイスをもらいながら、検査と修正を中心に、新しいフォントづくりにたずさわっています。

新人時代はどうしても、自分がきれいだと思う文字かどうかで、デザインの判断をしがちでした。例えば、フェルトペンで書くようなペン字体の「ぺんぱる」というフォントのデザインにたずさわったことがあります。社外のデザイナーがデザインした文字は、きれいなバランスとされる、正方形に収まるようなかたちではありませんでした。このままだと、文章にしたときの見た目がよくないと思った私は、修正を加えていきました。すると、40年つとめているベテランのタイプデザイナーから「もとのかたちを活かした方がいいと思うよ」とアドバイスを受けたのです。「そんなものかな」と完璧に納得したわけではありませんでしたが、言われた通り不統一なバランスを残すことにしました。その結果、型にはまらない、自然な手書き文字ふうのフォントに仕上げることができました。タイプデザイナーとして、大事なことを学んだよい経験だったと思います。

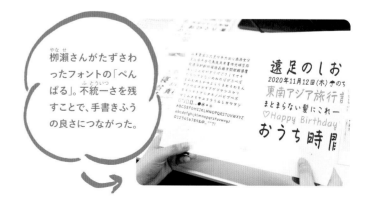

柳瀬さんがたずさわったフォントの「ぺんぱる」。不統一さを残すことで、手書きふうの良さにつながった。

Q 仕事をする上で、難しいと感じる部分はどこですか?

いったん製品化したフォントは、半永久的に使われ続けます。そのため「まちがいを見逃しているのではないか」という不安ともずっとたたかい続けなければいけません。

不安を解消するには、そのときできることを全力で行うしかありません。少しでもわからないことがあれば辞書やインターネットで調べ、考えるときは徹底的に考えつくすようにしています。

また、まちがいがないように、集中力を保ち続けなければいけないことも、難しいと感じる部分です。自分のなかでここまでやると決め、終わったら少し外の景色をながめるなど、意識的に気分転換をするようにしています。

Q ふだんの生活で気をつけていることはありますか?

休みの日は、街に出かけて文字の市場調査をしています。文字には変化がないように見えますが、ファッションと同じように流行があります。そのため街や人のようすを感じ、文字の流行を考えることが必要なのです。今はより自然体に近いものを好む人が多い印象があります。そんなところから、文字もより自然な手書きふうのフォントに注目が集まるのではないかと思っています。

また、輸入食材を置いているスーパーに行くことも多いです。自分になじみのないものが置いてあるお店に行くと、見たことのない文字に出合えることがあるからです。

Q これからどんな仕事をしていきたいですか?

フォントは、水や空気のような「無味無臭の文字」が理想であるとされています。文章を読むとき意識がいかず、書いてある内容のじゃまをしない文字です。

しかし、私自身は、味や香りがほんのりとついた文字もよいのではないかと考えています。その日の気分によっていろいろな種類のお茶を飲むように、文字も、その日の気分や書く内容で変えられたら楽しいですよね。タイプデザイナーとして、人々の生活を豊かにいろどるフォントをつくることができたらいいな、と思っています。

ひとつの文字を見続けていると判断に迷いが出てくるため、仲間のタイプデザイナーと文字の確認。それでも迷ったときは、タイプディレクター(写真下)に相談する。

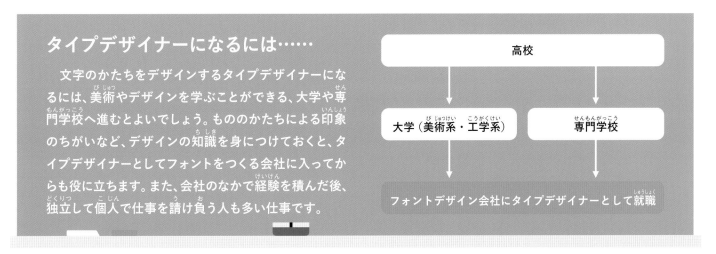

タイプデザイナーになるには……

文字のかたちをデザインするタイプデザイナーになるには、美術やデザインを学ぶことができる、大学や専門学校へ進むとよいでしょう。もののかたちによる印象のちがいなど、デザインの知識を身につけておくと、タイプデザイナーとしてフォントをつくる会社に入ってからも役に立ちます。また、会社のなかで経験を積んだ後、独立して個人で仕事を請け負う人も多い仕事です。

```
高校
  ↓                          ↓
大学(美術系・工学系)        専門学校
  ↓                          ↓
フォントデザイン会社にタイプデザイナーとして就職
```

※ この本では、大学に短期大学もふくめています。

Q この仕事をするには どんな力が必要ですか？

忍耐力と粘り強さです。ひとつのフォントをつくるには、約9500字を作成する必要があります。そのため、新しいフォントの提案があってから販売までには、2〜3年かかります。また、文字にまちがいがないか確認をするときは、1日中、パソコンの前に座ってチェックすることになります。

このように、ひとつひとつの作業にとても時間がかかり、地道にこなしていかなければいけません。目の前のことに集中し、楽しみながらじっくり取り組める人に向いている仕事だと思います。

柳瀬さんの夢ルート

小学校 ▶ パティシエ※

ケーキなどのきれいな
デコレーションにあこがれた。

▼

中学校 ▶ デザイナー

ものをつくる仕事や
何かをきれいにデザインする仕事をして
人に喜んでもらいたいと思った。

▼

高校 ▶ 建築家

クリエイティブな職業のなかでも
仕事として成り立つように
見えたのが建築家だった。

▼

大学 ▶ インテリアデザイナー

建築家を目指し、
工学部でデザインの勉強をするうちに
同級生より、建築への思い入れがないことに
気がつき、内装のデザインをする
インテリアデザイナーに志望を変えた。

Q 中学生のとき どんな子どもでしたか？

小学生のころから習っていた習字や、絵を描くことが好きな中学生でした。いちばんの思い出は、体育祭で使う応援パネルの制作です。美術部に入っていた私は、応援パネルの制作を担当しました。私は黄色の団だったので「黄虎団」と書いた、大きな応援パネルを友だちといっしょにつくりました。体育祭の最後は、がんばった人にいろいろな賞が贈られるのですが、私たちは「パネル優良賞」をもらうことができました。とてもうれしくて、みんなで喜び合ったのが忘れられません。

得意の習字では、国語の先生からほめられたうれしい思い出がある。

体育祭で「パネル優良賞」をもらったときの柳瀬さん。

Q 中学のときの職場体験は どこに行きましたか？

私の出身地である富山県の中学校には「14歳の挑戦」という、5日間の職場体験がありました。

先生が用意してくれた体験先のなかで、私が行きたいと思ったのは、富山県水墨美術館でした。定員2名に対し、応募人数が上回っていたため、先生の面接による選考がありました。まるで本物の入社試験のように緊張しましたが、無事に合格することができました。美術が好きだった私の気持ちを、先生は理解してくれたのだと思います。

用語　※ パティシエ ⇒フランス語でケーキなどをつくる男性菓子職人のこと。女性の場合はパティシエール。日本では男女ともパティシエと呼ぶことが多い。

「富山県水墨美術館は、自分でもときどき見に行く好きな場所だったので、職場体験の日が楽しみでした」

Q 職場体験ではどんな印象をもちましたか？

美術館では、受付のお手伝いや展示室の見守りなどのお手伝いをしました。お客さんにあいさつをしたり質問に答えたりと、想像よりもやることが多いなと思いました。

最終日は、職員さんから、いつもよりおそい時間に来るようにと言われました。その日は、美術館で行う展覧会の初日で、朝は準備でいそがしかったからです。しかし、私は聞いたことに自信がもてず、いつもと同じ時間に行ってしまいました。職員さんたちはいつも以上にあわただしく働いていて、私はそのようすを見ながら、ただ横で待つしかありませんでした。今思うと、私がそこにいるのは迷惑だったはずです。けれど、職員さんたちはいやな顔ひとつせず「もう少し待っていてね」と、画集を渡してくれました。

この経験から、約束の時間に行くことは、大切なマナーなのだと思いました。そして、わからないことは、きちんと確認することが大切なんだなと感じました。

Q この仕事を目指すなら今、何をすればいいですか？

日本を訪れる外国人や、日本で生活する外国人はたくさんいます。案内表示など、外国語のフォントをつくる場面も増えているので、英語の勉強はしておいた方がよいです。

私たちの会社では、外国語の文字をデザインするときは、海外のタイプデザイナーと英語でやりとりしながら進めています。私は英語が苦手なので、できる人に通訳を頼んでいます。しかし、もし直接話すことができたら、その国ならではのデザインを教えてもらえるのになと、残念に思っています。自分の可能性を広げるためにも、英語は身につけておくべきだと思います。

使う人の心の動きをかたちで表現して生活をいろどるフォントをつくります

－ 今できること －

ふだんの暮らし

文字のデザインは、デザイン力だけでなく、文字に誤りがないか確認する注意力も必要です。ふだんからていねいに文字を書くことを意識し、漢字の正しい書き順や「とめ」、「はね」、「はらい」にも注意して書く練習をしましょう。また、新聞部や美術部などで学級新聞やポスター制作に挑戦してみるのもよいでしょう。文章は、文字のかたちによって印象が変わります。内容によってフォントを変えてみたり、タイトルに使う文字のデザインを工夫してみたりするとよいでしょう。

 国語
漢字の正しい読み書きを覚え、正しく使えるようになりましょう。また、書写を通して読む人にわかりやすく伝えるための文字の大きさや配列について考えましょう。

 社会
世界の歴史を学び、文字の進化が文化の形成にあたえてきた影響を考えましょう。また、各国の言語が、どのような文字で表現されているか知りましょう。

 美術
表現力や創造力はタイプデザイナーに必要な能力です。さまざまな美術作品の鑑賞を通して、造形的なよさや美しさ、また、美と機能性の調和について学びましょう。

 英語
海外のタイプデザイナーとのやりとりも多い仕事です。英語で意思の疎通ができるように勉強しましょう。

書道家

Calligrapher

書道家
万美さん
12年目 30歳

筆に思いをこめ
私ならではの表現方法で
見る人にメッセージを
届けます

だれもが学校で習う書写を極め、文字を書くことによって自己表現をするのが「書道家」です。力強く、ときに繊細な筆使いを極めた書は、まさに芸術品。国内外の人々を書によって魅了する、書道家 万美さんにお話をうかがいました。

Q 書道家とはどんな仕事ですか？

書道は、筆と墨を使って、紙に文字をつづる芸術のひとつです。書道家は、この「書」によって自分の思いを表現する人のことをいいます。私は書道家として、書を使ったデザインをしたり、書道パフォーマンスを行ったりしています。

デザインの仕事は、企業やお店からの依頼を受けて行います。筆文字を使った看板や、室内に飾る掛け軸などを依頼されることが多いです。日本酒のびんにはるラベルのロゴを頼まれたこともありました。ときには壁に直接書いてほしいという依頼もあります。

依頼者からは「筆でかっこよくつくってください」というように、あいまいなイメージで頼まれることがよくあります。何を「かっこいい」と思うかは人それぞれなので、依頼者の言葉や雰囲気から、依頼者が思う「かっこいい」を探り出します。そして、依頼者の希望を表現しつつ、自分にしかない発想で書いていきます。

「書道パフォーマンス」というのは、人前で書をつづる実演ライブのことです。見る人を書道の世界に引きこむよう演出を考えて行います。こちらは、イベントの主催者や、企業などから依頼されて行うことが多いです。

こうした依頼は、私が発信するSNS※やWEBサイトを通して受けています。依頼内容をよく確認し、自分がおもしろいと感じたり、挑戦しがいがあると思ったりしたものだけを引き受けます。表現力をみがき、書道家として成長するためには、「仕事を選ぶ」というのも大切なことだからです。もちろん、引き受けた依頼は全力で取り組みます。

そのほか、書きためた作品を展示して発表する「個展」を開催することもあります。作品を気に入ってくれた人には、その場で販売もしています。

書道パフォーマンスのようす。大きな筆を使い、大勢のお客さんの前で、作品を書き上げる。

Q どんなところがやりがいなのですか？

書道を通して、さまざまな職業の人たちといっしょに仕事ができ、刺激をもらえることです。

例えば、書道パフォーマンスを行うときは、私ひとりの出演でなく、音楽家や写真家など、他分野の芸術家たちと共演することがあります。それぞれ専門分野はちがいますが、おたがいによい刺激をあたえ合うことで、魅力的な書道パフォーマンスが生まれます。魅力的なパフォーマンスは、見る人にとっても刺激となり、ふだんの生活を豊かなものに変える力があると思います。

また、私の場合、海外での個展開催の依頼や書道パフォーマンスの依頼を受けることもあります。自分の作品によって、さまざまな国の人たちが書道に興味をもってくれるのは、書道家としても日本人としても、本当にうれしいことです。世界中の人たちに書道のおもしろさを伝えたいという、わき出る想いが、仕事のやりがいにもなっています。

万美さんのある1日

09:00	仕事開始。メールやSNSの確認
10:00	打ち合わせ。「オフィスの壁に、書を書いてほしい」という依頼者と、実際に書くスペースを見ながら完成イメージについて話し合う
12:00	ランチ
13:00	書道パフォーマンスを行うためイベント会場へ向かう
15:00	イベント会場に到着。準備をする
17:00	書道パフォーマンス
18:00	パフォーマンス終了。片付けをする
20:00	帰宅
20:30	午前中の打ち合わせ内容からアイデアを考えて資料にまとめる
22:00	メールやSNSを確認後、仕事終了

用語　※SNS ⇒ ソーシャルネットワーキングサービスの略。インターネット上で、人と人とが写真などの情報をやりとりする。代表的なサービスに、Instagram、Twitter、LINE、TikTok がある。

仕事をしていると夢中になってしまうという方美さん。「気がついたらずっと食事をとっていなかったなんてこともあるんですよ」と笑って話す。

Q 仕事をする上で、大事にしていることは何ですか？

書道の歴史や基本の書き方を大切にすることです。私のように、派手なパフォーマンスやデザインを行っていると、基本を知らないのではないかと思われてしまうことがあります。しかし、きちんとした書道の基礎がなければ、人々を感動させるパフォーマンスはできません。私は小学3年生から習字を習い、大学も書道学科があるところを選んで入り、基礎をしっかり学んできました。今でも、書道に関する本を読んだり作品を鑑賞したりして勉強しています。

また、自分の強みや価値をどう伝え、自分をどう見せるか考える「セルフブランディング」も大切です。活動を始めたころは、企業やマスメディア※に「私はこんな活動をしています」と自分で売りこみ、いろいろな仕事を引き受けていました。しかし、活動が認められ、多くの人から仕事を依頼されるようになった現在は、自分の発想や強みを活かせるものを選んで仕事をしています。

「書道家 方美」としての自分をどう見せるかも大切な仕事。書道パフォーマンスや作品発表の写真撮影では、髪型や服装にも気を配る。

Q なぜこの仕事を目指したのですか？

小さいころから、私が絵を描いたり、何かをつくったりするとみんなが楽しそうに集まってきてくれました。そんなことから自然と、私には自分を表現することで人に喜んでもらう仕事が向いていると思うようになっていました。

書道教室に通い始めたのは小学校3年生からです。まわりの友だちが習っていたので私も興味をもったのです。筆で文字を書くことが楽しくて、どんどん夢中になりました。

高校2年生になると、将来について担任の先生と話し合う、進路相談がありました。私は、将来は、デザイナーやアーティストを目指して美術系の大学に進もうと思うと伝えました。すると先生が、アーティストなら、得意な書道を活かした書道家はどうかとすすめてくれたのです。考えもしなかった道でしたが「それだ！」と直感した私は、書道家になると決め、書道学科のある大学へ進学しました。

Q 今までにどんな仕事をしましたか？

書道で初めてお金をもらったのは、大学2年生のときです。もともとヒップホップの音楽が大好きだったので、音楽CDを製作している会社に「書道でCDジャケットのタイトルロゴをデザインしたい」と、売りこみのメールを送りました。それがきっかけで、その会社とやりとりするようになり、自分の筆文字がCDジャケットに採用されたのです。

でも、当時習っていた書道の師匠から「学生のうちは半人前だ。お金をもらう仕事はまだ早い」と言われてしまいました。今考えると、学生気分では仕事は続かないという意味だったのかもしれません。しかし、お金をもらって仕事をすることで責任が生まれ、書道の技術も上達するという自分の考えに従い、少しずつ仕事を引き受けていました。

大学を卒業後も、アルバイトをしながら、頼まれて文字を書いたり、書道パフォーマンスをしたりしていました。書道家としての仕事が増えてきたのは、25歳のころからです。増えると同時にアルバイトはやめ、書道家としての活動に専念するようになりました。

現在は、日本国内だけでなく、海外の企業からデザイン制作や書道パフォーマンスの依頼がくることも多くなり、海外で活動する機会が増えています。

用語 ※マスメディア⇒不特定多数の人々に向けて情報を発信する媒体のこと。一般的には、新聞、テレビ、雑誌、ラジオを指す。

Q 仕事をする上で、難しいと感じる部分はどこですか？

依頼者の求めるイメージをきちんと表現することが、難しいと感じる部分です。

書道パフォーマンスや個展では、私個人の思いや感性を表現した書をつづります。しかし、頼まれて文字を書くときは、依頼者の思いが優先です。希望するイメージに合うものをつくるため、何度も話し合い、相手の思いをくみ取らなければいけません。ときには、何十パターンもの案を考えたり、改良をくりかえしたりすることもあります。そんなときは、本当に難しいと感じますが、できあがった作品を依頼者に喜んでもらえると、苦労も報われます。そして、また次もがんばろうと思えるのです。

Q これからどんな仕事をしていきたいですか？

今後はICT技術を使ったバーチャル（仮想的）な世界がどんどん広がっていくと予想しています。そこで考えているのが、バーチャル書道家としての活動です。海外で書道パフォーマンスを行うのと同じように、バーチャルな世界でも書道パフォーマンスを行ったり、個展を開いたりしてみたいです。そのうちバーチャルな世界にも美術館ができるかもしれません。そのときには「バーチャル書道家 万美」の作品が収蔵されたらうれしいですね。

最終的な目標は、少し生意気ですが、人間国宝※になることです。大きすぎる目標ですが、これくらい高い志をもつことで、質の高い仕事ができると思っています。

Q ふだんの生活で気をつけていることはありますか？

作品づくりに夢中になると、つい、食事や睡眠時間をけずってしまい、体調をくずしやすくなります。よい仕事をするには体調管理も大切なので、休めるときはしっかり休むようにしています。

また、散歩をしたり、好きな音楽を聴いたりなど遊びの時間をつくり、心のゆとりをもつように心がけています。心の余裕が、豊かな発想を生み出すからです。

ほかにも、夕焼けの空をながめて美しいと思う気持ちや、壮大な景色を見て感動する心を忘れないように、できるだけ自然にふれるようにしています。

筆

塗料

PICKUP ITEM

書をつづる筆は、太さのちがうものを各種そろえ、作品によって最適なものを選んで使う。書道では本来墨汁を使って書くが、壁や窓ガラスなどに作品を残す場合は、消えにくいペンキなどの塗料を使用する。

書道家になるには……

筆の使い方や字の書き方など、まずは書の基本を習得することが重要です。書道教室などに通い、技術をしっかり学びましょう。書道では、各会派、流派ごとに級位制を設けており、「師範」の資格をとると人に教える実力があることを示すことができ、信用につながります。

また、芸術系の専門学校や書道学科のある大学に進み、書道の歴史や技術を学ぶこともおすすめです。

```
高校
  ↓
大学（文学部など）・    ←→    書道師範取得
専門学校（芸術系）
  ↓
書道家として活躍
```

用語 ※人間国宝 ⇒ 法律に基づいて、文部科学大臣が指定した重要無形文化財をもつ人を指す通称。演劇や伝統芸能、工芸技術などにおいて歴史的または芸術的に価値の高い技術をもつ人が指定される。

Q この仕事をするには どんな力が必要ですか？

書道家は、書道という手段で自分の「思い」を表現します。そのため、物事に対して、自分の意見をきちんともつことが大切です。自分の感情と向き合い、自分が何を表現して、何を伝えたいのか考える力が必要だと思います。

また、コミュニケーション能力も必要です。書道家は、仕事の依頼者のほか、個展や書道パフォーマンスを行う際の協力者など、多くの人とのやりとりがあります。理解し合い、信頼し合えることがよい仕事につながると思います。

Q 中学生のとき どんな子どもでしたか？

足が速かったので、部活は陸上部に入っていました。試合では走りはば跳びやリレーの選手として出場し、必ず上位入賞していました。得意な科目は美術で、授業で描いた絵をコンクールに出すと、たいてい賞をとっていました。また、続けていた書道でも、いつも賞をもらっていました。

試合やコンクールは、夏休みや冬休み中にあるので、賞をとると学校に賞状が届きます。届いた賞状は、始業式の日のホームルームで先生から渡されるのですが、当時の私は、これがとてもいやでした。目立ちたいわけではないのに、みんなから注目されるのが、いやで仕方がなかったのです。みんなから「またか」と思われるのもいやでした。そんなことから、ふだんはなるべく目立たないように、自分の意見もあまり口にしないように注意して過ごしていました。

今考えると、賞をもらうことは誇らしいことなのに、なぜ堂々とできなかったのだろうと思います。しかし、中学生の私にはそんなふうには考えられませんでした。そのため、もやもやした気持ちをかかえた毎日でした。

書道パフォーマンスを行う万美さん。自分の意見はなるべくひかえていたという中学時代を経て、今は表現する楽しさを感じながら仕事に没頭。まわりの意見に流されることもなくなったという。

自己表現をしたくても、目立つのがいやでできなかったという中学時代。そんな気持ちが晴れたのは、高校に入って学校に賞状が届かなくなってからだった。

万美さんの夢ルート

小学校 ▶ ファッションモデルか、ファッションデザイナー

背が高かったため、モデルに興味をもった。また、服の絵を描くことが好きだった。

▼

中学校 ▶ アーティスト

作品で自己表現するアーティストになりたかったが、まわりにはスポーツに関わる仕事をしたいと言っていた。

▼

高校 ▶ 書道家

デザイナーやアーティストになりたいと先生に伝えたところ得技を活かした書道家の道をすすめてくれた。

▼

大学 ▶ 書道家

書道学科のある大学に進み、勉強にはげみながら、活動を開始する。

Q 中学のときの職場体験はどこに行きましたか？

中学3年生のとき、1日だけ職場体験でケーキ屋さんに行きました。ほかにも体験先の候補はあったと思うのですが「ケーキ屋さんに行けば、ケーキがたくさん食べられるよ」という、友だちからのさそいにのって決めたような気がします。自分の意思で選んだわけではないせいか、ほとんど記憶がありません。たしか事前学習をしてから行ったと思うのですが、それもよく覚えていません。

ケーキづくりのお手伝いをさせてもらって、ケーキも少し食べたと思います。

Q この仕事を目指すなら今、何をすればいいですか？

毎日を何となく過ごすのでなく、友だちとたくさん語り合い、いろんなことを考えて、まわりにあるものをたくさん観察してください。それが、自分の好きなものを見つけるきっかけになり、創作のヒントにもつながります。

中学生のときの私は、自分を表現したいと思いながら、目立ちたくないという気持ちもあり、毎日もやもやした気持ちをかかえて過ごしていました。しかし、そうした感情をもったことも、よい経験だったと思っています。喜んだり悲しんだり悩んだりしたことすべてが、生み出す作品に深みをあたえてくれていると感じるからです。

Q 職場体験ではどんな印象をもちましたか？

覚えているのは、ケーキ屋さんに向かう途中に見た空と、次々とできあがっていくケーキの色やデザインです。どちらもとてもきれいで、不思議な気持ちでながめていました。

ケーキは食べ物というより、芸術作品のように見えて「こんなすてきなものをつくることが仕事の人生っていいな」と思ったような記憶があります。このころから、作品で自分を表現したいという思いがあったので、ケーキ屋さんを体験先に選んだのは必然だったのかもしれないですね。

生活に刺激をあたえ心を豊かにする書道を目指し作品をつくり続けます

－ 今できること －

ふだんの暮らし

学校の授業や、書道教室などで筆を使った字の基本的な書き方や技術を身につけておくことが重要です。また、書道を生活のなかに取り入れて、身近に感じておくとよいでしょう。例えば、好きな言葉を毎日ひとつ半紙に書いたり、年賀状や暑中見舞い、手紙などを筆で書いたりすると上達が早くなります。

そのほか、書道の展覧会などに行き、多くの書を鑑賞することも大切です。よい作品をたくさん観ることで、感性がみがかれ、よい作品づくりにつながります。

国語
書写の授業を通して、硬筆と毛筆のちがいや、文字の構成などを学びましょう。また、コミュニケーション能力を高めるために、読解力や表現力をきたえましょう。

美術
テーマや目的をもとに、伝えたい内容を作品で表現する力をつけましょう。また、さまざまな作品を鑑賞し、作者の思いを想像して受け取る力を養いましょう。

技術
ロゴのデザインなどでは、筆で書いた作品をパソコンで整えます。また、宣伝活動では、SNSなども用います。そのため基本的なパソコン操作に慣れておきましょう。

英語
書道は世界中で人気のある芸術です。英語力を身につけることで、活躍のはばが世界に広がります。

LINEスタンプ
クリエイター

LINE Stamps Creator

#GIFの伊豆見
伊豆見香苗さん
4年目 27歳

> 文字にできない
> さまざまな思いを
> キャラクターにこめて
> スタンプをつくります

SNSなどWEB上のコミュニケーションでは、絵文字やスタンプが会話の方法として使われます。ひとつの画像で話のテンポを弾ませ、気持ちを伝えられる魅力的なツールです。LINEスタンプをつくる、伊豆見香苗さんにお話をうかがいました。

Q LINEスタンプクリエイターとはどんな仕事ですか？

LINEというコミュニケーションアプリで使用するスタンプを制作し、販売する仕事です。

LINEのスタンプは、おもに公式スタンプとクリエイターズスタンプの2種類があります。公式スタンプは、企業が販売するスタンプです。一方、クリエイターズスタンプは、クリエイターズマーケットというサイトに登録すれば、だれでも販売することができます。

私は、おもにクリエイターズスタンプを制作しています。また、スタンプのほかにLINEの運営会社から依頼を受け、LINEの「トークルーム」や「タイムライン」に使われる背景の着せかえデザインを制作することもあります。

スタンプづくりでは、アイデアを思いついたら、まずノートにキャラクターの下描きをします。そして毎日イラストを1個ずつ、必ずSNSに投稿し、利用者の反応を確かめます。そのなかで反応のよかったものをスタンプにします。

スタンプをクリエイターズマーケットのサイトに登録するときは、スタンプのタイトルや説明文を入力し、画像を申請します。そしてほかの人の作品をまねしていないかなどLINEの審査に合格すれば、販売が可能になります。

LINEスタンプクリエイターとして、多くの人から知られるようになったことで、スタンプ以外の仕事も増えています。例えばSNS広告に使用するGIF※の制作をしたり、本の挿絵を描いたりする仕事です。また、ミュージックビデオに使うアニメーションの制作を行うこともあります。

このように、イラスト制作に関わるさまざまな仕事につながるのが、LINEスタンプクリエイターという仕事の特徴だと思います。

iPadで「えっびっ」の下描き中。下描きには、クリップスタジオといういうアプリを使っている。

Q どんなところがやりがいなのですか？

SNSなどを通じて、私のイラストを好きだと言ってもらえたり、スタンプを実際に使ってもらえたりすることがやりがいであり、はげみです。

私のこだわりは、LINEでよく使われる「ありがとう」や「いいね！」などのスタンプとはちがう、個性的なスタンプをつくることです。また、文字よりも動きがおもしろいスタンプにすることで、言語のちがう海外の人にも使ってもらいやすくなると考えています。SNSで、海外に住んでいる方から「あなたのスタンプをもっています」というコメントがくると、本当にうれしい気持になります。

伊豆見さんの代表作「えっびっ」シリーズのスタンプ。つぶらな目をしたエビの表情が人気を呼んでいる。

伊豆見さんのある1日

09:00	仕事開始。メールとSNSを確認
10:00	SNSで流行っているものを確認する
11:00	オンライン会議。制作中のミュージックビデオで使うアニメーションのことで制作担当者と話し合う
13:00	昼食
14:00	LINEの運営会社と打ち合わせ
15:00	イラストやアニメーションの制作
19:00	SNSへのイラスト投稿
20:00	メールとSNSを確認して、仕事終了

用語　※ GIF ⇒ 画像ファイルの種類のひとつ。簡単なアニメーションや画像の連続表示などができる。

Q 仕事をする上で、大事に　　していることは何ですか？

「自分が何をつくりたいか」よりも「他人が見て喜んでくれるか」を考えてつくることです。

もちろん、スタンプにはそれぞれ思いをこめてつくっています。でも、私の意図が世間の人に完全に伝わる必要はないと考えています。スタンプからどんなメッセージを受け取り、どう解釈するかは、使う人の自由でよいと思うからです。そのため、想像が広がるようなスタンプにすることを心がけてつくっています。

新しいキャラクターや、おもしろい動きを思いついたときはすぐに、アイデア帳に描いておく。

Q なぜこの仕事を　　目指したのですか？

小さいころから絵を描くことが好きでした。中学生になると、イラストやマンガを投稿したり見たりすることができるWEBサイトの「ピクシブ」に、描いたイラストを投稿していました。高校生になってスマートフォンを持ってからは、SNSにも投稿するようになっていました。

そんなあるとき、軽い気持ちでLINEのクリエイターズマーケットで犬のキャラクターを販売しました。すると、そのスタンプが想像以上に売れたのです。うれしいと思う一方で、なぜ売れたのだろうと不思議でした。なぜなら私がつくったスタンプは「ありがとう」や「OK！」といった、用途がわかりやすいスタンプではなかったからです。しかし、理由を考えるうちに「想像の余地」に価値を見出してくれたのではないかと思うようになりました。スタンプは、文字では表現しきれない感情を伝えることができます。あいまいな表情が特徴の私のイラストは、人によっていろいろなとらえ方ができるので、スタンプにぴったりだとわかったのです。

これをきっかけに、本格的にクリエイターズマーケットでの販売を始めるようになり、LINEスタンプクリエイターとして活動することができるようになりました。

Q 今までに　　どんな仕事をしましたか？

大学卒業後は、在学中からアルバイトで働いていたアニメーション映像の制作会社に就職しました。アニメーション作家の技術を学びたいと思ってアシスタントになったのですが、アルバイトのときとちがい、就職後は発注業務や電話応対などの事務作業が中心になり、制作の仕事からははなれてしまいました。これでは将来が見えないと感じたため、半年で退職しました。

その後は、作品制作や音楽活動、舞台パフォーマンスなどを行う会社で3年間ほどアルバイトをしました。その会社では映像の仕事をまかされることになり、さまざまなクリエイターさんと出会うことができました。そのなかに、毎日欠かさずSNSにイラストを投稿をしている人がいました。SNSを上手に活用することで仕事の依頼につながると知ったのはそのときです。私も見習って、LINEスタンプのアイデアをSNSに投稿し始めました。

私の代表作である「えっびっ」という、えびのキャラクターのスタンプがヒットするまで、ずっとアルバイトを続けていました。LINEスタンプクリエイターだけで生活できるようになるまでに3年くらいかかりましたね。

● アイデア帳

● 投稿画像

PICKUP ITEM

投稿するものは、iPadを使って描くが、アイデア段階のものは紙のノートを愛用。このなかから、スタンプにできそうなものをSNSに投稿し、反応を見る。動きのあるGIF画像をのせることが多い。人気シリーズのキャラクターはキーホルダーなどのグッズにもなっている。

● キーホルダー

Q 仕事をする上で、難しいと感じる部分はどこですか？

SNSでのコミュニケーションでは、当然ですが批判を受けることもあります。私の作品に対して「だれにでも描けそう」とか「おもしろくない」などのコメントが書かれているのを見ると、やはり落ちこみます。

そんなときは「このイラストを、気に入ってくれる人もいるんだ！」と、自分をはげますようにしています。世の中にはいろいろな考えをもつ人がいるので、クリエイターの仕事を続ける以上、批判されることは仕方ないと割り切るしかありません。批判的な意見を見て落ちこむよりも、私のイラストを好きだと言ってくれる人への感謝の気持ちを忘れないようにしたいと思っています。

Q ふだんの生活で気をつけていることはありますか？

身のまわりにあるものを観察するようにしています。私の場合は、スーパーで売られている食材からキャラクターが生まれることが多いです。「魚が足で立ったら、おもしろそう」など、自由な発想を楽しみながら売場を見ています。

また、わからないことがあったときはすぐに相手に聞くようにしています。はずかしがらずに聞くことで、新しい知識が増えて楽しいからです。アニメーション作家のアシスタントをしていたときは、「言われた通りにしなくては」「自分の頭で考えなくては」という気持ちが強すぎて、人との対話をおろそかにしていたなと今になって反省しています。

Q これからどんな仕事をしていきたいですか？

自分の個性を大切にして、他人が見ても「これは#GIFの伊豆見の作品だ」とわかってもらえるようになることです。

以前、LINEを運営する会社の方から「売れるスタンプの法則」を教えてもらったことがあります。その法則は「確かにそうだな」と思える内容でした。でも、アドバイスされたことをそのまま受け入れたのでは、自分の個性がなくなってしまいます。法則を理解した上で、その法則をこえる、自分らしいスタンプをつくっていきたいです。

また、自分のつくったスタンプのキャラクターでアニメーション番組を制作することも目標のひとつです。GIF画像用の簡単な動画制作はしていますが、長編となると私ひとりだけでできるものではありません。「伊豆見さんのつくるアニメーション番組なら協力したい」と思ってもらえるように、実績を積んでいくことが今は大切だと思っています。そしていつか、小さな子どもでも楽しめて、大人になってからも印象に残っているような作品をつくりたいです。

伊豆見さんのキャラクターはどれも目が特徴。「王道のかわいらしさではないけれど、親しみのある目になるようにこだわっています」

LINEスタンプクリエイターになるには……

特別な資格は必要ありませんが、基礎を学ぶため、美術系の大学や専門学校に進むのがおすすめです。入学後は、パソコンを使ったイラストの描き方なども学びましょう。描いたイラストのなかから人気の出そうなものを選び、LINEスタンプの投稿サイトに発表することで、LINEスタンプクリエイターとしての道が始まります。

```
高校
 ↓                          ↓
美術系の大学や専門学校
 ↓                          ↓
LINEスタンプクリエイターとして活躍
```

Q この仕事をするには どんな力が必要ですか？

想像力とコミュニケーション能力です。自分がつくりたいものをつくるのがアーティストなら、人が求めているものを見抜き、つくり上げるのがクリエイターの役割です。そのため「どうしたら相手が喜んでくれるか」を考え、想像力を働かせる力が必要だと思います。

また、いろいろな人と話すことによって頭のなかが整理され、新しい発想が生まれます。日ごろから、たくさんの人とコミュニケーションをとり、さまざまな意見を聞くことが大切です。

そのほか、前向きな人が向いていると思います。悩んでいる時間があれば、1枚でも多くイラストを描くことに意識を向けられるとよいと思います。

SNSへの投稿だけでなく、身近な人に、キャラクターの新しい動きを見せて、反応を確かめることもある。

伊豆見さんの夢ルート

小学校 ▶ とくになし

絵が好きで描いていたが、とくに夢はなかった。

▼

中学校 ▶ 公務員

公務員のような安定した仕事にあこがれた。

▼

高校 ▶ 映像関係の仕事

「高校生フォトコンテスト」でグランプリを獲得。賞品のカメラで撮影した動画作品が大阪芸術大学主催のアート大会で入賞し、映像の仕事に興味をもつ。

▼

大学 ▶ アニメの仕事

アニメーション映像に興味をもち、映像制作会社で、アニメーション作家のアシスタントのアルバイトを始める。

Q 中学生のとき どんな子どもでしたか？

家でも学校でも、とにかくイラストを描いていました。美術の時間が大好きで、授業以外でも美術の教室によく遊びに行っていました。一時期は、切り絵にも夢中になり、休み時間につくっては友だちにプレゼントしていました。

家では、パソコンで女の子のイラストをよく描いていました。このとき人間の動きを表現したイラストをたくさん描いていたので、「えっびっ」のような、ものを擬人化するアイデアが思い浮かんだのだと思っています。

とにかく絵が好きだったので、携帯電話の待受画面は当時あこがれていた人気イラストレーターのイラストでした。じつは最近、その方が、私のスタンプを使っているという話を聞きびっくりしました。中学時代の私に伝えたいですね。

美術以外の勉強は得意ではありませんでしたが、小中高一貫教育の学校だったので、受験勉強に苦労することはありませんでした。数学の先生がとてもよく教えてくれて、個人指導もしてくれました。授業よりもわかりやすかったので、数学のおもしろさがわかり、成績も少し上がったのがうれしかったです。

切り絵の下描きをする伊豆見さん。

つくった切り絵は、友だちにプレゼント。「みんなが喜んでくれるのがうれしくて、次々とつくってました」

Q 中学のときの職場体験はどこに行きましたか?

職場体験に行く予定の年に、インフルエンザが大流行し、学級閉鎖のため中止になってしまいました。数少ない学校行事のうちのひとつだったので、とても残念でした。

ただ、それとは別に、学校でよくボランティア活動をしていました。例えば赤い羽根共同募金※運動や、海をきれいにする活動などです。とくに、海をきれいにする活動は印象に残っています。土曜日と日曜日に有志が集まって、みんなで海辺のごみを回収しました。

Q ボランティアではどんな印象をもちましたか?

地元は沖縄県なので、きれいな海が自慢です。しかし、観光客も多く、人でにぎわうため、海の近くにはごみがたくさん捨てられています。海をきれいにする活動でごみを回収すると、きれいな浜辺がよみがえり、達成感がありました。ただ、回収には体力が必要で、とても大変でした。

私の実家は駐車場を経営しています。その駐車場も食べかけのお弁当のごみなどに悩まされていると両親から聞いていました。そのため、両親の苦労を理解することができ、尊敬と感謝の気持ちをもったことも覚えています。

Q この仕事を目指すなら今、何をすればいいですか?

アイデアの引き出しを増やすため、いろいろなものに興味をもち、実際に体験してください。今は何でもインターネットで情報を集めることができますが、自分の足で出かけ、手でふれ、心で感じることで、より多くの情報を受け取ることができます。そうして得た情報は、豊かな発想力をもたらしてくれるはずです。

また、身近にあるものは、すべてアイデアの宝庫だと思うとよいです。そして、お店に行ったら「なぜ、それが人気商品なのか」「どこが魅力なのか」と理由を考えることが、LINEスタンプクリエイターへの第一歩になると思います。

さまざまな想像をかき立てるスタンプでコミュニケーションを豊かにいろどりたい

― 今できること ―

ふだんの暮らし

LINEスタンプは、言葉の代わりにイラストで感情を表現する手段です。表現方法をみがくには、美術部などに入り、自分の気持ちや伝えたいことを絵で表す練習をするとよいでしょう。また、さまざまな作品にふれることで、表現方法のはばが広がります。休日は美術館などに行き、いろいろな作品を鑑賞しましょう。

そのほか、文化祭や体育祭などでは、ポスターや横断幕に絵を描く係になるのもおすすめです。場面や状況に適したデザインを考えてみましょう。

国語
意見や心情を効果的に伝える方法を覚えましょう。また、立場によってものの見方や考え方が異なることを学び、相手に合わせた表現ができるようになりましょう。

社会
LINEスタンプの人気は、ニュースや流行に影響される場合があります。社会のできごとに関心をもち、事実を正確にとらえて判断する力を養いましょう。

美術
かたちや色彩などから受ける印象のちがいを学び、表現する方法を覚えましょう。また、目的や条件、伝えたい内容を考え、かたちにする技術力を身につけましょう。

英語
LINEスタンプは海外でも使われています。海外の利用者の意見を知るには、英語力が必要です。

速記士
Shorthand Writter

早稲田速記
岩﨑有那さん
入社5年目 24歳

会議の内容を記録し
その場にいなかった
人にも伝わる文書を
作成します

会議の内容を文書で保存したいとき、活躍するのが速記士です。速記士は、すばやく書き取れるように文字を記号化した「速記文字」を使い、人が話した言葉を記録します。早稲田速記で速記士として働く、岩﨑有那さんにお話をうかがいました。

Q 速記士とはどんな仕事ですか？

速記とは、すばやく文字を書くことです。一般的に速記といった場合、「速記文字」という簡単な線や点からできた特殊な文字を使って記します。速記文字を使うと、ふつうの文字の約10倍のスピードで書くことができます。

速記士の仕事は、おもに国会や官公庁の会議、都道府県や市区町村の議会、民間企業の会議、講演会などの記録を作成することです。そのため会議で話される言葉を、速記文字を使ってすべて書き留めます。国会の速記は、議院事務局で働いている国家公務員の速記士が行っています。

私は民間企業で働く速記士です。速記の依頼があったところへ出向き、話される言葉を書き留めます。同時にICレコーダーなどの録音機器で会議の録音もとります。その後、書き留めた速記文字と録音した音声データを照らし合わせながら、パソコンでふつうの文字に打ち直します。この作業を「反訳」といいます。反訳した文書は、まちがった単語や表現がないか、校閲※に確認を出し、修正があれば正してまとめます。こうしてできあがった文書を、依頼者であるお客さまに提出するまでが速記士の仕事です。

話し言葉には、途中に「えー」という言葉が入ったり、言いまちがいや話し方のくせがあったりします。こうした言葉を残したままの文書にするのか、それともわかりやすく修正した文書にするのかといった依頼者の要望は、前もって聞いておきます。

また最近は「文字起こし」といって、実際の会議には出席せず、お客さま自身が録音した音声データをもとに文書の作成を求められることも増えてきました。音声データだけだと、聞き取りにくかったり、雰囲気がつかめなかったりすることがあって、まとめるのにも苦労します。しかし「文字起こし」でも、依頼者の希望に沿った文書に仕上げることが、速記士として重要な任務なのです。

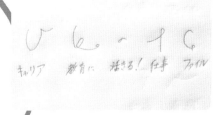

速記文字にはいくつか種類があり、岩﨑さんが使っているのは早稲田式速記。5つの記号のかたまりで、本書のタイトル『キャリア教育に活きる！仕事ファイル』を表す。

Q どんなところがやりがいなのですか？

行政でも企業でも、仕事の内容や物事の決定には公正さが求められます。そのため、正しく行われていることを証明する会議の記録をきちんととっておくことは、とても重要です。速記士として、私が書き留めてまとめたものが議事録などの正式な文書となり、後々まで残ると思うと、大きなやりがいと責任を感じます。

また、ふだんはなかなか入れない、官公庁の会議や講演会に立ち会えるのは、速記士ならではの貴重な体験です。好奇心を刺激されると同時に、速記席に座ると、ピリッと気が引きしまります。

速記で書き留めたノートと録音した音声データをもとに、会議の記録文書を作成。

岩﨑さんのある1日

09:00	出社。メールのチェックや依頼者からの電話対応をする
09:30	反訳作業。録音した音声データも確認して、文書にまとめる
11:00	校閲からもどってきた文書の修正
12:30	ランチ
13:30	依頼された会議のある場所へ行く
14:00	会議スタート。速記業務を行う
17:00	会社にもどり、速記文書と録音した音声データの確認。翌日からすぐに反訳作業にとりかかれるように準備する
17:30	メールをチェックして、退社

用語　※ 校閲⇒文字のまちがいや表現のまちがい、事実関係の誤りなどがないかを確認して修正する仕事。

Q 仕事をする上で、大事にしていることは何ですか？

緊張感をもって会議に集中することを大切にしています。会議は、長いものだと5時間くらいかかることもあります。話の内容が難しいときや、昼食の後の会議は、眠くなってしまうおそれがあるので、とくに注意しています。

速記士は、会議の出席者の方々とあいさつをする機会がたくさんあります。また、官公庁の議会では、声が聞き取りやすいように「速記席」という中央に近い席があたえられ、目立つ場所で仕事をします。そのため、きちんと身なりを整え、失礼のないふるまいをするように心がけています。

Q なぜこの仕事を目指したのですか？

中学時代、パソコンの授業が好きで、キーボードで文字を入力する、タイピングが得意でした。高校生になると、医療現場で働く人たちへの尊敬の気持ちから、医療系の仕事にも興味を感じるようになりました。そこで、タイピングの技術が活かせそうな医療事務の仕事を目指し、専門学校で学ぼうと学校見学に行きました。

その学校見学で知ったのが、速記文字です。見学した専門学校には、医療事務のコースだけでなく「速記・コンピュータ科」があり、たまたま速記の授業も見学することになったのです。先生や生徒がスラスラと速記文字を書く姿はとてもかっこよく、私も速記文字を書けるようになりたいと思いました。医療事務を学ぶか、速記を学ぶか悩みましたが、「速記・コンピュータ科」に進むことを決めました。

2年間の専門学校生活で速記文字を習得し、速記技能検定※では、最上位の1級をとりました。そして、速記士としての活躍の場を求め、今の早稲田速記に就職しました。

「女性の先輩たちは、結婚や出産などで生活リズムが変わっても、速記士として活躍しています。その姿に頼もしさを感じたのも今の仕事を選んだ理由です」

Q 今までにどんな仕事をしましたか？

入社したばかりのころは、先輩や上司のお手伝いとして、会議に参加し、あいさつの仕方や速記の準備など、基本的なことを学びました。速記の準備とは、例えば、きれいに声が収録されるように録音テストを行ったり、欠席者の把握や発言機会が多いと思われる人の着席位置を確認したりすることです。また、録音してはいけない会議というのもなかにはあります。そのため、事前に録音してよいか確認することも重要なのだと知りました。

入社して半年ほど経つと、自分の担当をもたせてもらえるようになりました。初めてひとりで仕事を担当したときのことは、今でも忘れられません。官公庁からの依頼で、朝早くからの議会の速記でした。少し遠い現場だったので遅刻しないように始発で向かいました。録音をしてもよい会議でしたが、きちんとICレコーダーが動いているか不安だったのを覚えています。

その後は、経験を積んでいくことで少しずつ自信をもって行えるようになっていきました。現在は毎月5、6件の会議を担当しています。

• シャープペンシル •

• 原文帳 •

• ICレコーダー •

PICKUP ITEM

速記で使うシャープペンシルは、芯が太い「プレスマン」という種類を愛用。0.9mmの芯を長めに出して使い、ノックの回数を減らしている。書き取るノートは、軽い筆圧でなめらかに書ける、書道半紙でつくられた原文帳を使用。録音用のICレコーダーは万が一失敗したときの予備として2台以上使用している。

用　語　※ 速記技能検定 ⇒日本速記協会が実施している検定。入門者向けの6級からプロとして活躍できる1級まである。

Q 仕事をする上で、難しいと感じる部分はどこですか？

話し言葉を一字一句、正確に聞き取るのはとても大変で難しいことだと感じます。会議に出てきそうな単語は事前に調べておくこともありますが、すべて準備することはできないので、毎回とても緊張します。

また私の会社では、速記した記録をもとに、報告書や冊子の制作を頼まれることもあります。私は以前に、冊子の制作で大きなミスをしてしまったことがあります。目次にのせる「○○年度」の文字を「○○年」として製本してしまったのです。何度も確認をしたにもかかわらずまちがいに気づけず、とても落ちこみました。この経験以来、報告書や冊子の制作においても、それまで以上に神経を研ぎ澄ませて集中し、確認するようになりました。

Q ふだんの生活で気をつけていることはありますか？

会議で聞き取りづらかった単語は、前後の話の流れや文節から想像して、何を言っているのかを考えます。しかし、もともと知らない言葉はどんなに考えてもわかりません。そのため、ふだんからニュースを観たり、新聞を読んだりして、いろいろな言葉にふれるように心がけています。

また、校閲者にチェックしてもらい修正が入ってきた言葉はメモしています。そして、その言葉が出て来る部分の録音を聞き直し、どんな話の流れで使われたのか確認して、言葉のひびきや聞こえ方を覚えるようにしています。

お客さんとの打ち合わせでも、重要な内容は速記でメモをとる。

Q これからどんな仕事をしていきたいですか？

現在は、定期的に依頼のあるお客さまで、だいたいの流れがわかっている会議や、短時間の会議などを担当しています。しかし、今後はもっと技術をみがいて、どんな会議でもまかせてもらえるような速記者になりたいです。

また、ベテランの速記士ともなると、反訳した文書の確認を校閲者に出さなくても、自分でしっかり調べて確認し、まちがいのない文書に仕上げることができます。私もいずれはそのレベルに達したいです。そして、依頼者から「あなたに来てほしい」と指名されるような速記士になることが目標です。

専門用語が多く使われる会議では、文書にまとめるのも一苦労。作業が思うように進まないときは、先輩や上司に相談する。

速記士になるには……

会議などの記録の作成は速記士としての資格がなくても行えます。ただし、公に速記士として認められるには、日本速記協会が行う速記技能検定の1、2級に合格し、「1級速記士」「2級速記士」の認定を得ることが必要です。また、就職では多くの場合、速記技能検定3級以上が求められるようです。速記の技術は、通信教育や参考書籍などを利用して身につけることが一般的です。

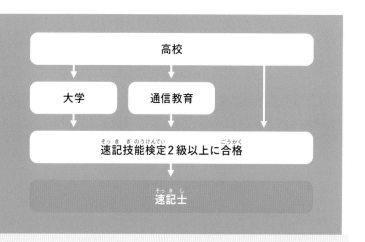

高校
↓
大学　通信教育
↓
速記技能検定2級以上に合格
↓
速記士

Q この仕事をするにはどんな力が必要ですか？

根気よくがんばる力が必要だと思います。速記文字を覚え、話すスピードと同じ速さで書き取れるようになるまでには、訓練が必要です。私自身、専門学校時代に毎日くりかえし練習しました。

また、会議によって話の内容や使われる専門用語がちがいます。そのため、さまざまなことに興味をもち、好奇心をもって仕事ができる人に向いていると思います。

話を聞きもらさないように、速記士には集中力も必要。「集中力を保つには、内容に興味をもつことです」と岩﨑さん。

岩﨑さんの夢ルート

小学校 ▶ とくになし

仕事について考えていなかった。

▼

中学校 ▶ 事務職

タイピング技術を活かせる事務職が自分には合っていると思っていた。

▼

高校 ▶ 医療事務など

医療に興味をもったことから医療事務の仕事でタイピング技術を活かしたいと考えた。

▼

専門学校 ▶ 速記士

学校見学で偶然、速記の授業を見て速記文字を書く速記士にあこがれた。

Q 中学生のときどんな子どもでしたか？

それまでの私には、趣味や得意なものというのがありませんでした。しかし、中学生になって吹奏楽部に入り、フルートの演奏に夢中になりました。きっかけは、夏に行われる吹奏楽コンクールです。入部当初、私は楽譜も読めず、楽器をさわったこともない、まったくの初心者でした。ところが、吹奏楽コンクールで、フルートのソロ演奏部分を吹く人がおらず、私がやらなければいけなくなったのです。プレッシャーとたたかいながら、だれよりも時間をかけて練習し、先輩や先生にもたくさん教えてもらいました。その結果、本番は自分でも満足のいく演奏を行うことができました。終演後には、みんなからもほめてもらい、とてもうれしかったのを覚えています。

この経験以降、フルートにどんどんのめりこみ、3年間欠かさず練習にはげみました。じつは、高校も吹奏学部の部活推薦枠で進学したんですよ。

初めは、音を出すのがやっとだったフルート。しかし、猛特訓によって、わずか4か月でソロ演奏も堂々とこなせるように。

フルートは、中学校、高校と大切に使用。

どちらかというと、団体行動は苦手だったという岩﨑さん。しかし、みんなでひとつの音楽をつくり出す合奏は、仲間とのきずなを感じることができ、楽しかったという。

Q 中学のときの職場体験はどこに行きましたか？

中学2年生のときに3日間、保育園で職場体験をしました。私は子どもの相手をするのがあまり得意ではなかったので、本当は、ほかの職場にしたかったのですが、仲のよい友だちが保育園を希望したので、同じところを選びました。

体験当日は、中学校のジャージを着て保育園に行き、園児たちと遊んだり、食事やお昼寝、お散歩などのサポートをしたりしました。体験後は、お世話になった保育園の先生方にお礼状を書いて送りました。

Q 職場体験ではどんな印象をもちましたか？

保育園の先生は、子どもたちの大切な命をあずかる、責任の重い仕事だと感じました。動きまわる園児ひとりひとりに気を配るのはとても大変で、体力的にも疲れました。そして、自分にはできない仕事だと思ったのを覚えています。

体験中は、園児たちと仲良くするために笑顔を心がけ、話しかけやすい雰囲気をつくるようにしていました。そのおかげか、園児たちも私になついてくれて、少しだけ苦手意識もなくなりました。子どもでも大人でも、コミュニケーションの基本は笑顔なのだと思います。

Q この仕事を目指すなら今、何をすればいいですか？

読書をたくさんしておくとよいと思います。いろいろな言葉や知識を増やすことで、会議の内容を理解しながら速記に取り組めます。また、文書にするとき、話し手の言いまちがいなどを修正してまとめられるようにもなります。

そのほか、日本漢字能力検定※に挑戦してみるのもよいと思います。日本語の場合、漢字が思い浮かばないと内容が頭に入ってこないものです。内容がわからなければ、文書にまとめることもできません。私は、専門学校で速記を学びながら2級をとりましたが、中学生のうちから目標を決めて習得すると記憶が定着して、忘れにくくなると思います。

将来を決める大切な会議を文書に残すために、自分の速記技術を活かせることが喜びです

− 今できること −

ふだんの暮らし

速記士の仕事は会議などで話される会話を記録することから始まります。授業中に先生の話を集中して聞き、重要な部分をノートに書き取れるようになりましょう。後からノートを見返して授業の内容を思い出せるか確認することも重要です。また、生徒会やクラスの書記係になり、会議や話し合いの内容を記録して、議事録にまとめる経験を積んでおくこともおすすめです。

そのほか、速記文字について調べ、簡単な文章が書けるように練習してみるのもよいでしょう。

 国語 会話の要点をとらえ、話の全体像を理解する力を養いましょう。また、その内容を文章できちんと伝えられるように語彙力をつけ、適切な使い方を覚えましょう。

 社会 官公庁の会議では、速記士のまとめる文書が公式な記録として残ります。行政の仕組みや議会制民主主義など、公民分野に関わる基礎的な知識を学びましょう。

 技術 パソコンに慣れ親しみ、文字入力の操作がスムーズに行えるようにタイピング技術をみがきましょう。

 英語 会議によっては英語でのやり取りが行われる場合もあります。英語が飛び交う場面でも、とまどうことなく速記を行えるように、リスニング力をきたえましょう。

用語 ※ 日本漢字能力検定 ⇒ 漢字能力を測定する技能検定で、10級から1級まである。「漢検」と略して呼ぶことも多い。

点字触読校正者

Braille Proofreader

東京点字出版所
輪嶋洋行さん
入社5年目 28歳

点字に訳した文章に
まちがいがないか
声に出して読み上げ
確認します

目の見えない人が指でさわって読むための「点字」
で書かれた本を「点字図書」といいます。東京点字
出版所の点字触読校正者として、教科書や専門書
など、さまざまな点字図書の製作を手がける、輪嶋
洋行さんにお話をうかがいました。

Q 点字触読校正者とはどんな仕事ですか?

点字は、目の見えない人が指でふれながら読む文字です。マス目状に並んだ6個の凸点の組み合わせで文字や記号を表し、左から右へ横に読んでいきます。さわって読むことを「触読」といいます。ぼくは目が見えないため、点字で書かれたさまざまな文章を触読しています。

点字に対し、晴眼者(目の見える人)がふだん読む手書き文字や、紙に印刷された活字は「墨字」といいます。ぼくが働いている東京点字出版所は、墨字の本を点字に訳し、印刷して製本し、点字図書をつくっている出版所です。

点字図書の製作は、まずデータ入力者が墨字の本の文字情報を専用ソフト※を使ってパソコンに点字で入力します。この作業を「点訳」といい、点訳されたものが点字図書の原稿になります。原稿は、専用プリンターで点字用紙に打ち出します。打ち出された原稿は「初校」と呼ばれ、この初校を確認して、まちがっているところを指摘していくのが「校正」です。ぼくのように触読で校正する場合は「点字触読校正」または「触読校正」といいます。

校正は、目の見えない人と晴眼者のペアで行います。まず、ぼくが初校を触読しながら声に出して読み上げます。晴眼者である、もうひとりの校正者は、読み上げられた文章を聞きながら、墨字で書かれた原本と照らし合わせてチェックし、修正指示を赤字で書きます。ぼくは「点字入力機」を使って、直す箇所と、直す言葉をメモしていきます。入力機には、パソコンのキーボードのように操作キーが並んでいて、打つと点字が立体的に浮かび上がるので、さわって確認しながら打つことができます。

ぼくたちがまとめた修正箇所は、データ入力者によって直され、初校の次の段階の「再校」がつくられます。この再校を、今度は別のペアがもう一度同じように校正します。すべてのまちがいが修正されたら最終チェックを行い、印刷、製本の工程を経た後、本として出版されます。

凸点で記されているのが点字。漢字は読みを平仮名にして表され、平仮名、アルファベット、記号は凸点の組み合わせで表す。

Q どんなところがやりがいなのですか?

もともと本を読むことが好きなので、仕事を通していろいろな本に出合えるのは大きな魅力です。例えば、医療系の書籍は、この仕事をしていなければ一生読まなかったかもしれません。しかし、校正を進めるうちに自然と知識が増え、もっと知りたくなります。このような知識欲を刺激されるところが、この仕事のやりがいです。

校正作業のようす。輪嶋さんが点字を音読し、晴眼者が、墨字原本と照らし合わせて確認する。

校正者どうしの息が合わないと、作業に時間がかかってしまうこともあるという。

輪嶋さんのある1日

08:15	出社
08:40	ペアを組んでいる校正者と、その日に校正する部分の確認をする
08:50	校正作業
12:00	ランチ
12:50	校正作業
14:50	休憩
15:00	校正作業
17:00	ミーティング。データ入力者や別の校正ペアと進み具合を確認する
17:35	退社

用語 ※ ソフト ⇒ ソフトウェアの略。コンピューターに特定の動作をさせるための指示が書きこまれたプログラム(命令)のこと。

Q 仕事をする上で、大事にしていることは何ですか？

点字で書かれた文章を読み上げていくときは、まちがいを見落とさないように細心の注意をはらい、落ち着いて読むことを心がけています。また「あし」と「いし」、「あしあと」と「あしおと」など、音感が似ている言葉にも注意し、はっきりと読むように気をつけています。

点字は、音のみを表す「表音文字」であるため、漢字を点字にすると、意味が区別できないものが出てきます。例えば、聖書の触読校正を行っていると「かれらのちをほろぼす」という文章が出てきます。「ち」は、「地」や「血」、「知」として読んでも文章の意味が通ってしまいます。そんなときは、読者が正しく判断できるように、墨字原本の漢字に合わせて「土地の地」とか「血筋の血」と注釈を入れる場合があります。

聖書（左）と、その点訳原稿。聖書は、耳慣れない言いまわしも多く、校正には注意が必要。

Q なぜこの仕事を目指したのですか？

大学時代のぼくは「視力が不自由だから、人と会って話をする営業職は難しいだろうな」くらいにしか仕事について考えていませんでした。そのため就職活動では、事務職を中心に探していました。

そんなぼくに、知り合いの先輩が「一度、うちの会社に見学に来ないか」と声をかけてくれたのです。その会社というのが東京点字出版所でした。ぼくはすぐに会社を訪問し、編集部を見学しました。そして初めて触読校正の仕事を知りました。ぼくは、これなら自分の特技である点字の触読を活かすことができると感じ、「点字触読校正者になりたい」と思うようになりました。

その後、ぼくが学生時代に使っていた教科書の出版元が東京点字出版所だったこともわかり、働くならこの出版所しかないと思いました。そこで、大学を卒業後にアルバイトとしてしばらく働き、後に正式採用が決まりました。

Q 今までにどんな仕事をしましたか？

働くことが決まるとすぐに点字図書の編集部に配属され、医療に関する本や一般書、小学校から高校まで各科目の教科書や参考書など、さまざまな本の触読校正を行ってきました。

とくに大変だったのは英語の教科書や参考書です。例えば、「りんご」を表す「Apple」という単語を校正するとします。この場合「アップル」と読み上げて確認するのではなく、「大文字のエー、小文字のピー、ピー、エル、イー」と読み合わせしなければいけません。文章が長くなれば長くなるほどアルファベットの数が増えるので、まるで暗号を読んでいるような気分になりました。

今は聖書を手がけています。聖書は、旧約聖書と新約聖書からなる、ページ数のとても多い書物です。点字に訳すと40巻もの分量になるので、どうしても時間がかかってしまいます。あわてず正確に、その上でスピードも重視しながら毎日校正しています。

● 点字入力機 ●

PICKUP ITEM

点字を打つ入力機。上面に並ぶ白い四角形が操作キーになっていて、打つとその下の専用ディスプレーに点字が立体的に表示され、確認できる。入力した点字はデータとして保存される。

輪嶋さんが校正にたずさわった高校の点訳教科書。「学生時代に使っていた教科書を、今度はぼくがつくっていると思うと誇らしいです」

Q 仕事をする上で、難しいと感じる部分はどこですか？

表音文字である点字は、異口同音の言葉など、もとの文章通りに訳すとわかりにくい部分がどうしても出てきます。これをどうやってわかりやすく伝えるか、いつも苦労しています。注釈を入れて説明する場合は、文章のじゃまにならないように気をつけて入れることも大切です。前後の文章を読めばわかる場合は、あえて注釈を入れないこともあり、その判断も難しいと感じます。

また、墨字原本に写真やイラストなどが入っている場合、点字図書では「点図」といって点線で表現します。しかし、点図で表すことができる情報には限りがあり、簡略化されています。そのため墨字原本が写真やイラストで伝えたいこときちんと理解し、必要な情報を伝えられているか確認しなければいけません。読者に正しく伝えるにはどうしたらよいか、つねに考えて校正にあたっています。

新型コロナウイルスの感染拡大前から、マスクは輪嶋さんにとっての必需品。

Q これからどんな仕事をしていきたいですか？

今の時代、紙の本はどんどん少なくなり、点字の世界でも、音声読み上げ機能がついた電子書籍が増え始めています。でも、ぼくはひとりの読者として、指でふれながらじっくり読むことができる紙の本が大好きです。ぼくのような読者のためにも、さまざまな分野の本をたくさんつくり、必要とされる情報を届け続けたいと思っています。

また、ぼくは音楽が好きで、聴くのはもちろん、サックスでジャズを演奏するのが趣味です。しかし、点字の楽譜はとても少なく、演奏したくてもできないことがあります。そのため、いずれは楽譜製作にもたずさわり、いろいろな曲に挑戦できる環境を整えたいです。

Q ふだんの生活で気をつけていることはありますか？

自分自身の体調管理です。毎日何時間もずっと声を出して点字を読むのは、想像以上に疲れます。そのため、睡眠と食事には気をつけています。

また、のどの管理も大切です。声が出なくなったら触読校正はできません。声がかれたり、のどが痛くなったりしないように、うがいを定期的に行い、ふだんからマスクをして保護しています。のどあめも欠かせないですね。

点字図書は時間と手間がかかるため、本の種類が少ないのが実情。「もっといろいろな本を出せるように、ぼくもがんばりたいです」

点字触読校正者になるには……

点字触読校正者になるには、点字の触読ができなければ、なれません。晴眼者でも点字を読解する力が必要です。公的機関が開催する講習を受けたり、福祉系の大学などへ進学し、点字に関する知識を学びましょう。その後「点字技能師※」の資格を得ることで、点字の専門家である証明ができます。また、文学部などへ進み、言語表現や文学作品について、深く学ぶのもよいでしょう。

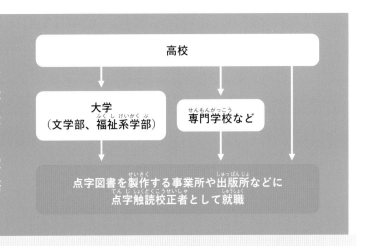

```
高校
  ↓                              ↓
大学                          専門学校など
(文学部、福祉系学部)
  ↓                              ↓              ↓
点字図書を製作する事業所や出版所などに
点字触読校正者として就職
```

用 語 ※ 点字技能師 ⇒ 日本盲人社会福祉施設協議会が実施する検定試験の合格者。点字に関する正しい知識と技術があることを証明し、公的な資格としても認められている。点字資料製作に3年以上たずさわると受験資格があたえられる。

Q この仕事をするには どんな力が必要ですか?

正しく校正するには、本の内容をきちんと理解することが大切です。そのため、どんなことにも興味をもち、わからないことはすぐに調べるような、知識欲のある人が向いている仕事だと思います。

また、点字には漢字がないと言いましたが、校正には漢字の知識は必要です。例えば「生物」という漢字が「せいぶつ」と「なまもの」の両方の読み方があることを知らなければ、校正はできません。なので、国語の勉強はしておいた方がよいと思います。

知識や技術は、仕事をしているうちに自然と身につくものです。好きなことに一生懸命がんばる力がいちばん大切だと思います。

調べ物をするときは、パソコンを使い、インターネットで検索。専用のソフトを使い、画面の文字が音声化されるように設定している。

輪嶋さんの夢ルート

小学校 ▶ とくになし

あこがれる職業もとくになかった。

▼

中学校・高校 ▶ とくになし

自分が働いている姿を想像することができなかった。

▼

大学 ▶ 触読校正者

知り合いに誘われて、東京点字出版所を見学。触読校正の仕事を知り、なりたいと思った。

Q 中学生のとき どんな子どもでしたか?

体を動かすことが好きだったので陸上部に入り、長距離選手として練習していました。長距離を選んだのは、短距離より選手人口が少なかったので「大会に出たら1位になれるかも」と考えたからです。しかし、競技の世界はそれほどあまくはなく、1位をとることはできませんでした。それでも、走ることは楽しかったです。

音楽を好きになったのも中学生時代です。片道1時間の電車通学だったので、その間がひまで、音楽を聴くようになりました。流行している曲は何でも聴いていましたね。

学校を休むことはほとんどなかったです。授業では先生の話を集中して聞き、その場で理解するようにしていました。部活をしてから、1時間かけて家に帰ると疲れてしまって勉強する気が起きなかったんです。テスト前も、家で少しやるくらいでした。どうしても理解できないときは、知り合いに教師をしてもらうこともありました。ぼくは国語や数学が苦手だったので、ずいぶんと助けられましたね。

中学3年生のときに家族で行った北海道旅行の写真(上)とドライブに出かけたときの写真(右)。「小さいころから家族でよく出かけていました」

Q 中学校での「キャリア教育」は どのようなものでしたか?

実際に仕事をしている社会人の話を、クラス全員で聞く「職業講話」の機会がありました。話をしてくれたのは、たしか通っていた中学校の卒業生で、カメラのレンズメーカーで働いている方だったと思います。

当時は仕事についてあまり深く考えていなかったので、話の内容はよく覚えていません。ただ、いつかは自分も働くことになるんだと思ったような気がします。

輪嶋さんの働く東京点字出版所。こことの出合いがキャリア形成の大きな転機となった。

Q この仕事を目指すなら今、何をすればいいですか？

中学生時代に、すでに将来の目標が定まっている人は、ほとんどいないと思います。しかし、先が決まっていないということは、いろいろな選択ができるということです。自分で自分の限界を決めることなく、好きなことにどんどん挑戦してください。そうやって興味のはばを広げておくことが、いつか自分の道を見つけるきっかけになると思います。

点字図書の触読校正に興味がある人は、とにかく文字に興味をもってください。メールを送ったりSNSに投稿したりするときも書いた文章を読み返し、意味が通っているか確かめるくせをつけるのもよいと思います。

Q 職業講話を聞いてどんな印象をもちましたか？

講話では、自分がなぜこの仕事に就いたのか、仕事にどのようなやりがいを感じているのか、といった話をしてくれたような覚えがあります。カメラのレンズメーカーで働いているということで、何となく理系の仕事なのかなと思っていました。しかし、話を聞くうちに、メーカーの仕事でも、いろいろな職種があり、文系の人でも活躍できるんだなと思った記憶があります。

今考えると、中学生という早い段階で、実際に働いている人の話を聞いて考える場があったのは貴重なことだったと思います。将来の自分の姿を想像することで、今の自分がやるべきことを考えるきっかけになるからです。今やりたいことがない人は、まわりで働く大人の姿を見て、自分に向いていそうか考えてみるのもよいかもしれないですね。

目が見えなくても本を読む楽しさを知ってもらうために正確な点訳にこだわります

－ 今できること －

ふだんの暮らし

まずは点字に慣れ親しむことです。点字の入門書などで、簡単な点字を読んだり、書いたりする練習から始めてみましょう。また、駅のきっぷ売り場やデパートなど、生活のなかにある点字を探し、どのような場面で必要とされているか考えてみるとよいでしょう。校正者として必要な言葉の知識は、たくさん本を読むことで自然と養われます。触読校正の場合、口に出して読むことも必要なため、教科書の音読などもおすすめです。読めなかった漢字は書き出して覚えるようにするとよいでしょう。

国語

さまざまな本を読み、慣用句や言葉の言いまわしなどを覚えましょう。また、知らない語句が出てきても文脈から意味を予想し内容を理解できるようになりましょう。

音楽

触読校正者は点字で書かれた文章を読み上げて校正します。声の出る仕組みを知り、のどへの負担が少ない発声や、相手に伝わる声の出し方を練習しましょう。

技術

もとの本に書かれた内容を正しく理解できなければ校正はできません。インターネットを使って調べることが多いため、パソコンの操作にも慣れておきましょう。

英語

文中の英単語や、ローマ字の文章を点訳する場合があります。基礎的な単語はスペルも正しく覚えましょう。

キーボード商品
デジタルマーケター

Keyboard Products Digital Marketer

PFU
伊藤有輝さん
入社5年目 26歳

> 製品の特徴を
> 多くの人に伝えるため
> SNSやWEBサイトを
> 活用します

パソコンを使って文字を書くことが当たり前になった今、デジタル文具のひとつとしてキーボードにこだわりをもつ人はたくさんいます。高級キーボード「Happy Hacking Keyboard」のマーケティング※を担当する、伊藤有輝さんにお話をうかがいました。

用語　※ マーケティング ⇒ 世の中が求めていることを調べ、より多くの人に商品やサービスを知ってもらうために宣伝をしたりメディアを利用したりすること。

Q キーボード商品 デジタルマーケターとは どんな仕事ですか？

ぼくが働くPFUは、紙の文書をコンピューターに取りこむスキャナーやパソコンのキーボードなどを、開発して販売する会社です。ぼくは「Happy Hacking Keyboard（以下、HHKB）」という自社製品のキーボードを世の中に広め、お客さんに購入してもらうための企画を考える部署に所属しています。

HHKBは、文章を書いたりプログラミング※をしたりするような、長時間にわたって作業する人から高い評価を得る、高性能なキーボードです。多くの人は筆記用具を選ぶとき、書き心地のよいものを探します。それと同じように、キーボードで文字を打つときも、打ち心地のよいものを使ってほしいという思いから生まれました。

さまざまなキーボードがあるなかで、お客さんに選んでもらうには、まずHHKBを知ってもらわなければいけません。そのため、インターネットなどのデジタル技術を活用して製品の魅力を伝え、販売につなげる仕組みを考えるのが、デジタルマーケターであるぼくの役割です。

なかでも注力しているのはSNSの活用です。最近は、多くの人がSNSに投稿された口コミを見て商品を購入するようになりました。そのため、ぼくはチームを組み、みんなでHHKBの公式SNSを使った宣伝方法や投稿する内容を考えています。一例として、「インフルエンサー」と呼ばれるSNSでの影響力が大きい人に協力をお願いし、製品の紹介をしてもらうことがあります。多くの人は、知り合いやインフルエンサーの口コミを見ると「自分も試してみたい」と感じるからです。

そのほか、お客さんどうしが交流できるイベントを開催することもあります。参加したお客さんにイベントのようすをSNSで紹介してもらうことで宣伝につながるからです。イベントはHHKBを使っている人の声が直接聞けるので、次の製品開発や宣伝に活かすこともでき、とても有効です。

使いやすいキー配列や、ひとつひとつのキーが大きく、打ち心地のよい点が人気のHHKB。

Q どんなところが やりがいなのですか？

自分の考えた企画が成功したのかを数字で確認できるところです。反響があったかどうかは、SNSを見た人が内容を気に入ったときに押す「いいね！」の数や、もとの文を共有して拡散した数、製品を掲載しているWEBサイトへのアクセス数を見れば一目瞭然です。

以前、300人規模のイベントを開催した直後、そのイベントがSNSのひとつであるTwitterのトレンド（話題のキーワード）ランキングで国内2位になったことがあります。イベント開催に向けて社内でチームを組み、イベントの内容を考え、会場を探し、開催の宣伝をSNSやWEBサイトで行いました。企画したイベントが盛り上がり、Twitterでも多くの人に注目されたことが証明され、喜びも格別でした。

SNSに投稿されているHHKBの口コミを確認。世の中の人がどんな製品を求めているのかチェックする。

伊藤さんのある1日

08:30	出社。メールやニュースをチェック
09:00	WEBでの宣伝方法のアイデアを考えて、資料にまとめる
11:00	社内打ち合わせ。資料を見せながら上司に説明する
12:10	ランチ
13:00	社内の打ち合わせで決まった内容をもとに企画書を作成する
15:00	インフルエンサーに製品を紹介
17:30	事務作業をして退社

用語　※ プログラミング⇒コンピューターに作業を行わせるための命令（プログラム）を、専門の言語を使ってつくること。

Q 仕事をする上で、大事にしていることは何ですか?

　仕事をしていると、いやなことや、つまらないと感じることもたくさんあります。しかし、いやな気分のまま仕事をしていたらやる気が出ず、よいアイデアも生まれません。そのため、楽しんで働くことを大事にしています。

　例えばぼくは、単純な事務作業が苦手です。だから、自分の好きな仕事をする時間を増やすために「この作業をいかに早く終わらせることができるか」と気持ちを切りかえて考えます。ゲーム感覚で楽しむのがコツですね。

　また、経験を積みできるようになったことが増えたことで、これまで以上に仕事が楽しく感じます。デジタルマーケターとしての成長も感じることができ、とても充実しています。

Q なぜこの仕事を目指したのですか?

　就職活動では、日本が誇る高い技術力を世の中に広めたいという思いから、ものづくりの会社の、営業職を希望していました。そのなかで、主力製品であるスキャナーが世界的に高い評価を受けている今の会社を選びました。

　営業職として入社したので、初めからデジタルマーケターの仕事に興味があったわけではありません。HHKBのことも、最初は「値段の高いキーボードだな」くらいにしか思っていませんでした。でも、一週間使ってみたら、使い心地がよく、もう以前のキーボードにはもどれないほど気に入ってしまいました。このキーボードのよさをもっとたくさんの人に知ってもらいたい。そんな気持ちから、WEBを活用した宣伝のアイデアを会社に出しているうちに、この仕事をまかされるようになりました。

宣伝方法を考えるときは、仲間とアイデアを出し合い、意見交換をすることもある。

Q 今までにどんな仕事をしましたか?

　入社して1年目は、自社製品の販売サイトを運営するチームに所属していました。販売サイト内で、割引キャンペーンを企画したり、お客さんにメールマガジンを配信したりするのがぼくにあたえられた仕事でした。しかし、だんだんと、もっとお客さんに製品のよさを知ってもらいたいと思うようになり、SNSを使った企画も上司に提案するようになりました。そして今ぼくが所属している、製品の紹介を行う部署に異動することになったのです。

　今の部署でデジタルマーケターとして働くようになってからは、仕事は自分で考えてつくりだし、それに合わせて行動することが求められるようになりました。そのため初めはとまどうことが多く、慣れるために、仕事以外の時間にマーケティングの本を読んだり、勉強会のような社会人講座に参加したりして知識を増やしました。

　今はSNSの活用やイベントの開催以外に、WEB広告での仕事も行っています。WEB広告とは、WEBサイトに表示される広告のことです。どんなWEBサイトに広告を出せばより効果的な宣伝になるか考えています。

宣伝方法を考えるには、製品の特徴を理解することがもっとも大切。わからないことは、ベテラン社員に質問する。

・ノートパソコン・

PICKUP ITEM

製品について書かれたSNSの投稿をチェックしたり企画書を作成したりするときに使っているノートパソコン。もともとあるキーボード部分の上にHHKBを置き、無線通信でつないで使用している。

Q 仕事をする上で、難しいと感じる部分はどこですか？

お客さんに興味をもってもらえるアイデアを考えるには、人の行動やその心理を読み解く必要があります。しかし、それは簡単なことではありません。自信をもって行った宣伝でも、やってみると思ったほど話題にならないこともよくあります。その度に、何が悪かったのか分析をしますが、人の心理を完全に理解することは難しいといつも思います。

唯一の解決方法は、分析データをもとに次のアイデアを考えて、いろいろな挑戦を続けることです。成功と失敗を重ねるうちに、だんだんと経験値が上がり、勘が働くようになるのだと思います。

Q ふだんの生活で気をつけていることはありますか？

自社製品だけではなく、他社の製品にも関心をもつようにしています。例えば、家電売場に行ったら、他社のキーボードをさわって感覚を確かめ、HHKBとのちがいを確認しています。

また、流行しているものにふれることも大事です。SNSで話題になっていることや、世間をにぎわすニュース、ヒットした映画などはチェックし、裏話なども調べています。そして、なぜ注目されたのか考えるようにしています。人が何に魅力を感じるのかを知る手がかりになるからです。

その上で、自分ならどう宣伝したか考え、その宣伝方法でも同じように話題になったか考えるようにもしています。

Q これからどんな仕事をしていきたいですか？

インターネットを活用した宣伝アイデアをたくさん打ち出して、大きな流行を生み出すようなデジタルマーケターになりたいです。そのためにも、日々の仕事で経験を積みながら、心理学や行動経済学などはば広く勉強し、知識を増やしていくことが大切だと思っています。

また、長年HHKBを使ってくれているお客さんに喜んでもらえるようなイベントもたくさん開催していきたいです。具体的なアイデアとして「キーボード自慢大会」を開催してみたいと考えています。これまでのイベントでは、お客さんが、自分好みに設定を変更したHHKBを自主的に持ってきて、ほかの人と見せ合いながら楽しそうに熱く語り合っている姿をよく見かけました。みなさん、自分のキーボードに愛着をもっていて、たくさんの人に見てもらいたいと思っているのです。そこで今度は公式イベントを開き、思う存分自慢してもらおうというのがこの企画です。実現すれば、イベントは盛り上がり、SNSでも話題になるのではないかと期待しています。

「自分が楽しいと思ったことを行い、それが購入者に喜ばれ、会社にとっての利益にもなるような仕事をしていくことが、ぼくの理想とする働き方です」

キーボード商品のデジタルマーケターとして働くには……

デジタルマーケターは、市場調査や人々の行動分析を行い、SNSやWEBサイトを活用した販売戦略を考える仕事です。大学は、マーケティングを理論的に学べる経済学部か、より実践的に学べる経営学部や商学部に進むのがおすすめです。また、企業ではWEBに関する技術や知識が豊富にある人を求めることが多いようです。

高校
↓
大学（経済・経営・商学部など）
↓
企業に就職後、デジタルマーケターとして活躍

Q この仕事をするには どんな力が必要ですか?

挑戦と失敗をくりかえしながら分析を重ね、目標に近づくために努力し続ける力です。

デジタルマーケターは、いろいろなアイデアが次々と浮かぶ人が向いていると思われがちです。もちろん、もともと人とちがったアイデアを出すのが得意な人は向いていますが、基本的には、発想力はきたえるものだと思っています。成功でも失敗でも、その原因を分析して次のアイデアにつなげる努力ができる人なら、発想力は自然とついてくると思うので、安心してデジタルマーケターを目指してほしいです。

反対に、物事を深く考えることが苦手な人や、指示されたこと以上のことができない人は難しいかもしれません。

伊藤さんの夢ルート

小学校 ▶ 宇宙飛行士

宇宙図鑑を買ってもらい、
星が大好きになった。

▼

中学校 ▶ 科学者

宇宙への関心と、
理数科目が得意だったことから
科学者に興味をもった。

▼

高校 ▶ 美容師

ヘアワックスで髪を
ツンツンにする髪型が流行。
その影響で美容師にあこがれる。

▼

大学 ▶ メーカーの営業

高度な技術がつまった製品を
多くの人に広めるために
営業の仕事を希望した。

Q 中学生のとき どんな子どもでしたか?

社会人になって、自分がイベントを企画したりアイデアを考えたりするのが好きだと気づくまで、何かに夢中になって取り組むということはありませんでした。だから中学生時代も、大きな思い出というのはほとんどありません。

部活はバドミントン部に入っていました。叔母がバドミントンの経験者で、小学生のときにいっしょに遊んでもらって楽しかったのが入部の理由です。思い出といえるのは、練習で筋トレをして、次の日に筋肉痛がつらかったことくらいです。じつは、練習が大変で休んだことも何度かあり、その後ろめたさも思い出といえるかもしれません。

勉強は好きで、塾には週に2日通っていました。高校受験のための模擬テストで点数が上がると、自分がゲームの主人公のようにパワーアップする感覚を味わえるのが楽しかったです。

それ以外の時間は、友だちと遊んでいるごく普通の毎日でした。今考えると、もう少し記憶に残るような経験をしておけばよかったなと思いますね。

「勉強は、やればやった分だけ点数が上がるのでおもしろかったです」と伊藤さん。楽しみながら物事に取り組むという考え方は、今の仕事にも活かされている。

部活で着ていた練習着。練習を休むこともあったがバドミントン自体は好きで、高校でも入部。この練習着も引き続き使っていた。

Q 中学のときの職場体験はどこに行きましたか？

中学2年生のとき、6人くらいで音楽スタジオに行きました。先生から職場体験用の冊子を渡され、そのなかから体験先を選ぶように言われたのですが、そこには何千もの職業が書かれていました。世の中にはこんなにいろいろな職種があるのかとおどろいたのを覚えています。

とくに音楽が好きだったわけではありませんが、有名人に会えるかもと期待して「音楽プロデューサー」の仕事を選びました。でも、行ってみたら楽器やバンドをやっている人のために練習場所を提供する音楽スタジオでした。清掃やレジの対応をすることになり、拍子抜けしました。

Q この仕事を目指すなら今、何をすればいいですか？

今はスマートフォンで検索すれば、知りたい情報をすぐに調べることができます。インターネットをどんどん活用して好きなことや興味をもったことについて、いろいろな知識をたくわえておいてください。学校の勉強に限らず、さまざまなことを知っていると、アイデアを出すのに役立ちます。

また、SNSやWEBサイトにはたくさんの広告が表示されています。それらを意識的に見て、なぜそこに、その広告が表示されているのか考えてみるのもおすすめです。企業の意図や工夫がわかると、デジタルマーケターへの道が開けていくと思います。

Q 職場体験ではどんな印象をもちましたか？

スタッフの方々が生き生きと仕事をしているのが印象的でした。音楽スタジオには、さまざまな楽器が置いてあり、そのなかにはドラムもありました。ぼくが見ていると、スタッフが「たたいていいよ」と言って、たたき方を教えてくれました。その姿を見ながら、この人は本当に好きなことを仕事にしているんだなと感じました。そして、ぼくもいつかそんな仕事に出合えるのだろうかと思った記憶があります。

インターネット上で注目されるような宣伝方法を考えてぼくたちのキーボードを広めます

－ 今できること －

ふだんの暮らし

話題になっているニュースや映画などがあれば、なぜ注目されているのか、魅力的な広告を見かけたら、どこにひかれたのか考えるようにしましょう。理由を考えることは、流行が生まれる仕組みを知ることにつながります。また、ふだんから積極的にインターネットを活用し、SNSの適切な使い方を学んでおくことも大切です。SNSに流れる情報には、信頼性の高いものから低いものまでさまざまあります。たくさんある情報のなかから選び取る力を身につけておきましょう。

社会

マーケターは社会の流れを読み解き、多くの人に製品を購入してもらうための戦略を考えます。市場経済の仕組みを理解し、価格の決定と消費活動の関係や、SNSがもたらした社会の変化を学びましょう。

数学

SNSやWEBサイトによる宣伝効果を分析し、購入者の割合を計算して数値化することが、次の戦略につながります。目的に応じた資料を収集してグラフにしたり、データの代表値を計算したりできるようになりましょう。

技術

インターネットの利用方法を学び、目的に応じた情報の選択ができるようになりましょう。また情報モラルについて考え、発信した内容への責任を知りましょう。

仕事のつながりがわかる
文字の仕事 関連マップ

ここまで紹介した文字の仕事が、
それぞれどう関連しているのか、見てみましょう。

P.10

書道家

筆と墨を使って、紙に文字をつづる芸術家。イベント主催者からの依頼で、書道パフォーマンスを行う。書を活かした文字のデザインを請け負うこともある。

イベント主催者

イベントを盛り上げるため、書道家にパフォーマンスを依頼する。

← 受注

出演を依頼 →

受注　依頼

フォント販売会社

タイプディレクター

アイデアに基づいて、社外のデザイナーや書道家に文字のデザインを依頼。イメージが固まったらタイプデザイナーに発注し、販売に向けて進行管理をする。

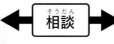

相談

P.4

タイプデザイナー

文字のデザインを行い、タイプディレクターと相談しながらフォントをつくる。書道家など社外の人に文字のデザインを依頼して、やりとりをすることもある。

購入　販売

P.28

点字触読校正者

目の見えない人が指でさわって読む「点字図書」の原稿にまちがいがないか、晴眼者とペアでチェックする。触読しながら読み上げ、まちがいを発見したら点字専用の入力機でぬき出してまとめる。

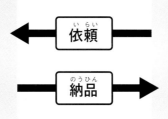

← 依頼

納品 →

2巻 P.28

編集者

企画から印刷まで、本をつくるためのすべての工程にたずさわり、品質とスケジュールの管理を行う。本に合ったフォントを購入したり、原稿に誤りがないか、校正者や校閲者に確認の依頼をしたりする。

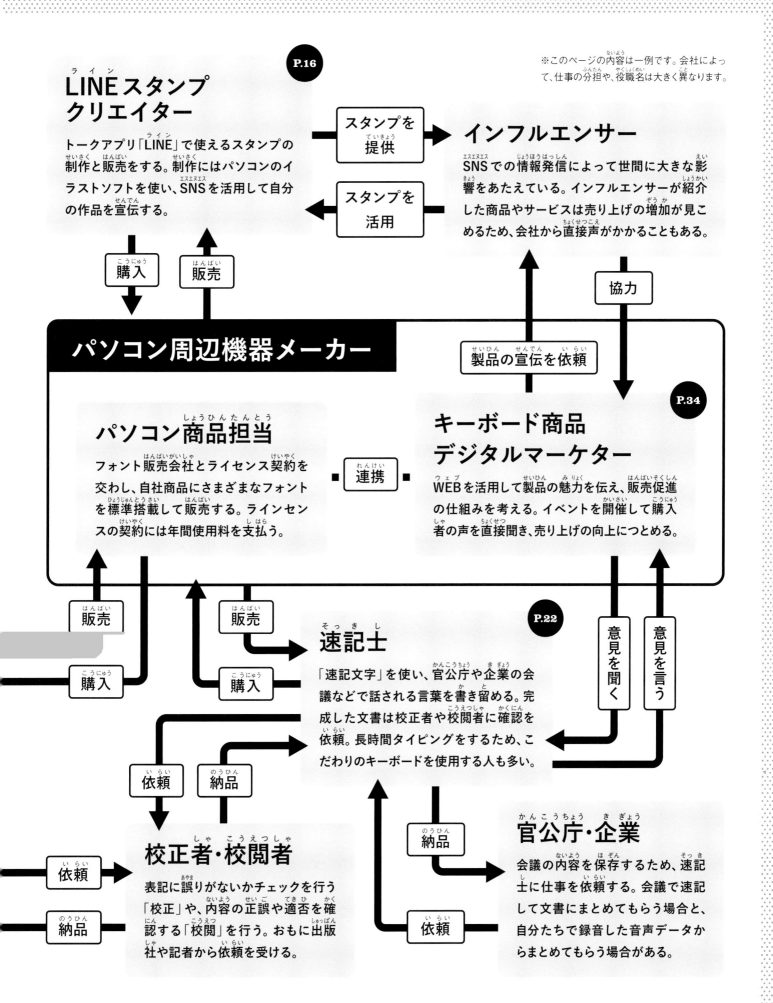

P.16

※このページの内容は一例です。会社によって、仕事の分担や、役職名は大きく異なります。

LINEスタンプクリエイター

トークアプリ「LINE」で使えるスタンプの制作と販売をする。制作にはパソコンのイラストソフトを使い、SNSを活用して自分の作品を宣伝する。

スタンプを提供 →

← スタンプを活用

インフルエンサー

SNSでの情報発信によって世間に大きな影響をあたえている。インフルエンサーが紹介した商品やサービスは売り上げの増加が見こめるため、会社から直接声がかかることもある。

購入 / 販売

協力

パソコン周辺機器メーカー

製品の宣伝を依頼

P.34

パソコン商品担当

フォント販売会社とライセンス契約を交わし、自社商品にさまざまなフォントを標準搭載して販売する。ラインセンスの契約には年間使用料を支払う。

連携

キーボード商品デジタルマーケター

WEBを活用して製品の魅力を伝え、販売促進の仕組みを考える。イベントを開催して購入者の声を直接聞き、売り上げの向上につとめる。

販売 / 購入 / 販売 / 購入

P.22

意見を聞く / 意見を言う

速記士

「速記文字」を使い、官公庁や企業の会議などで話される言葉を書き留める。完成した文書は校正者や校閲者に確認を依頼。長時間タイピングをするため、こだわりのキーボードを使用する人も多い。

依頼 / 納品

納品

校正者・校閲者

表記に誤りがないかチェックを行う「校正」や、内容の正誤や適否を確認する「校閲」を行う。おもに出版社や記者から依頼を受ける。

依頼 / 納品

官公庁・企業

会議の内容を保存するため、速記士に仕事を依頼する。会議で速記して文書にまとめてもらう場合と、自分たちで録音した音声データからまとめてもらう場合がある。

依頼

豊かな文字が、日本の文化をつくる

▶ 識字率の低さがもたらすもの

　文字の読み書きができる人口の割合を識字率といい、その国の教育水準を表す指標として使われます。日本は初等教育の就学率がほぼ100％で、識字率は世界でも高い水準にあるといわれます。しかし、世界には貧困などを理由に最低限の教育機会すらあたえられず、文字の読み書きができない人が大半をしめる国も少なくありません。では、読み書きができないと、どのような問題が起こるのでしょうか。

　まず、収入の安定した仕事や希望する仕事に就くことは難しくなります。そのため国の経済も発展せず、さらなる貧困をまねくという負の連鎖におちいります。また、必要な知識を得られず悪意のある人からだまされたり、最悪の場合は命の危険にさらされたりすることも起こり得ます。例えば、地雷埋設エリアに注意書きがあっても、文字が読めなければ気づかない可能性があるのです。

　貧困の解消や教育機会の均等化は、国際社会共通の課題です。2030年までに達成すべき具体的な国際目標である「SDGs(Sustainable Development Goals)」にも、「目標4.質の高い教育をみんなに」が盛りこまれています。

　SDGsとは「持続可能な開発目標」を意味します。私たちがこの先も地球で暮らし続けていくためには、次世代を担う子どもたちや若者の教育について考えることが、とても大切なのです。

▶ 日本は多彩な文字の国

　一方、日本人は、ものすごい数の言葉や文字を覚え、使い分けています。日本語はひらがな、カタカナ、漢字という3種類の文字を使いますが、実はこのような言語はほかにありません。加えて、アルファベットも多くの日本人が読み書きすることができます。そのほか、この本には目の不自由な人が使う点字や、国会などでの発言をすばやく正確に書き残す速記文字を使う速記士も登場します。

世界の識字率(15歳以上)の現状

国(地域)	大陸	年次※	識字率(％)	国(地域)	大陸	年次※	識字率(％)
チャド	アフリカ	2016	22.3	ベナン	アフリカ	2018*	42.4
ニジェール	アフリカ	2012	30.6	アフガニスタン	アジア	2018*	43.0
ギニア	アフリカ	2014	32.0	シエラレオネ	アフリカ	2018*	43.2
南スーダン	アフリカ	2018*	34.5	ギニアビサウ	アフリカ	2014*	45.6
マリ	アフリカ	2018	35.5	コートジボワール	アフリカ	2018*	47.2
中央アフリカ	アフリカ	2018*	37.4	リベリア	アフリカ	2017*	48.3
ブルキナファソ	アフリカ	2018*	41.2	イラク	アジア	2018*	50.1
				ガンビア	アフリカ	2015	50.8

総務省統計局『世界の統計2020』をもとに作成　＊は暫定値または推計値

アフリカや西南アジアなどの開発途上国では、識字率が半数に満たない国も多い。理由として「学校が近くにない」「弟や妹の世話をしている」「戦争や紛争が起こっている」などが挙げられる。また、チャドやギニアでは女性の識字率が男性の約半数にも満たないといった男女格差も大きい。

男女共用お手洗

こどもお手洗

授乳室（女性用）

授乳室（男女共用）

おむつ交換台

介助用ベッド

ベビーチェア

着替え台

カームダウン・
クールダウン

時代に合わせて進化しているピクトグラム。経済産業省は国内外へのアンケート調査や関係者の意見をふまえ、2020年5月にJIS（日本産業規格）を改正。ジェンダーフリーや高齢化など社会の変化に適合する「男女共用お手洗」や「介助用ベッド」など、新たに9つの案内用図記号が追加されることになった。

また、情報を伝えたり記録したりするだけではなく「かっこいい」や「おしゃれ」といった、印象を左右するのも文字の重要な役割です。日本の印刷物やWEBサイトには、さまざまな書体のフォントが並び、言葉がもつ意味を深めています。そして、それを自己表現の手段として芸術の粋まで高めた世界が書道です。こうした豊かな文字の文化は、日本の象徴のひとつといえるでしょう。

▶ 広がる文字の世界

日本の文字文化は、これまでにもさまざまな進化を続けてきました。1964年に開催された東京オリンピックでは、海外の人にもトイレや公衆電話の場所、競技を示すことができる「ピクトグラム」を開発。新たな世界共通の記号として各国に普及していきました。また、1990年代に携帯電話で使われていた絵文字は、今では「emoji」として、世界中の人がスマートフォンやパソコンで使うようになりました。

そして、LINEをコミュニケーションアプリとして利用する人が増えた現代では、LINEスタンプが発達しています。この本に登場するLINEスタンプクリエイターは「スタンプは、文字では表現しきれない感情を伝えることができます。あいまいな表情が特徴の私のイラストは、人によっていろいろなとらえ方ができるので、スタンプにぴったりだとわかったのです」と言っています。使い方によってさまざまな意味をもたせることができるスタンプは、コミュニケーションの新たなかたちをつくったのです。

しかし「人によっていろいろな見え方をする」ということは、時に好ましくない印象を相手にあたえてしまうこともあります。つまり、多彩な文字やスタンプは便利な道具である一方、使い方を誤れば相手を傷つける武器にもなり得るのです。これから社会に出て活躍する人には、読み書きに加え、新たに生まれてくる文字を使いこなす力が必要です。豊かなコミュニケーション力が養われることで、文字の仕事に限らず、さまざまな職場での活躍につながるでしょう。

PROFILE
玉置 崇

岐阜聖徳学園大学教育学部教授。
愛知県小牧市の小学校を皮切りに、愛知教育大学附属名古屋中学校や小牧市立小牧中学校管理職、愛知県教育委員会海部教育事務所所長、小牧中学校校長などを経て、2015年4月から現職。数学の授業名人として知られる一方、ICT活用の分野でも手腕を発揮し、小牧市の情報環境を整備するとともに、教育システムの開発にも関わる。
文部科学省「校務におけるICT活用促進事業」事業検討委員会座長をつとめる。

さくいん

【取材協力】

株式会社モリサワ　https://www.morisawa.co.jp/
書道家 万美　https://www.66mami66.com/
IZUMI KANAE　https://www.izumikanae.com/
早稲田速記株式会社　https://www.waseda-sokki.com/
社会福祉法人東京点字出版所　https://www.toten.or.jp/
株式会社PFU　https://www.pfu.fujitsu.com/

【写真協力】

書道家 万美　p11、p14

【撮影協力】

Ridgelinez株式会社　p10-15

【解説】

玉置 崇（岐阜聖徳学園大学教育学部教授）　p42-43

【装丁・本文デザイン】

アートディレクション／尾原史和（BOOTLEG）
デザイン／加藤 玲・石井恵里菜（BOOTLEG）

【撮影】

平井伸造

【執筆】

小川こころ　p4-15、p22-33
酒井理恵　p16-21、p34-39、p42-43

【企画・編集】

西塔香絵・渡部のり子（小峰書店）
常松心平・和田全代・熊田和花（オフィス303）

キャリア教育に活きる！
仕事ファイル32
文字の仕事

2021年4月3日　第1刷発行
2023年4月20日　第2刷発行

編　著　小峰書店編集部
発行者　小峰広一郎
発行所　株式会社小峰書店
　　　　〒162-0066東京都新宿区市谷台町4-15
　　　　TEL 03-3357-3521　FAX 03-3357-1027
　　　　https://www.komineshoten.co.jp/
印　刷　株式会社精興社
製　本　株式会社松岳社

©Komineshoten
2021 Printed in Japan
NDC 366 44p 29×23cm
ISBN978-4-338-34105-9

キャリア教育に活きる！

仕事ファイル

センパイに聞く